Mon guide de la nature

Catalogage avant publication de
Bibliothèque et Archives Canada

Jennings, Terry J.
Mon guide de la nature / Terry Jennings ;
texte français du Groupe Syntagme inc.

Comprend un index.
Traduit de l'anglais.

ISBN 978-1-4431-3231-2

1. Nature--Ouvrages pour la jeunesse.
2. Plantes--Ouvrages pour la jeunesse.
3. Animaux--Ouvrages pour la jeunesse.
I. Groupe Syntagme II. Titre.

QH48.J46 2011   j578   C2010-906545-X

Édition publiée par les Éditions Scholastic,
604, rue King Ouest, Toronto
(Ontario) M5V 1E1.

5 4 3 2 1   14 15 16 17 18
Imprimé en Chine   CP141

Texte : Terry Jennings.
Conception graphique : Liz Wiffen.

Références photographiques

Légende : h = haut, b = bas, g = gauche,
d = droite, c = centre

Alamy 7hd Harry Taylor, 21g blickwinkel/
MeulvanCauteren 4gb Andrew Darrington,
47d Curt and Cary Given, 63b wildlife
GmbH, 63d Dave Bevan, 64h blickwinkel/
Delpho, 67h D.Robert Franz, 72b Arco
Images/ Reinhard, H., 73c tbkmedia.de, 81b
McPHoto/WoodyStock, 81h Andrew
Darrington, 82d Renee Morris, 85d
WildPictures, 86d Terry Fincher.Photo Int,,
91t Martin Hughes-Jones, 91c Michael Grant,
103g Emilio Ereza, 105g David Chapman,
105d blickwinkel/Jagel, 106d Nigel Cattlin,
107g Nigel Cattlin, 107d blickwinkel/Jagel,
109c Nigel Cattlin, 109g Huw Evans, 110h
Helene Rogers, 111b Renee Morris

DK Images 29g Dave King

IStock 56b johnandersonphoto

NHPA 13g N A Callow, 15h Laurie
Campbell, 15c Joe Blossom, 29h Stephen
Dalton, 29h Eric Soder, 29b Image Quest
3-D, 34d Martin Harvey, 39c Manfred
Danegger, 43h Alan Williams, 43b Laurie
Campbell, 44c Bill Coster, 45h Bill Coster,
48c Jaanus Jarva, 49h Bill Coster, 49b
Richard Kuzminski, 51g Rupert Buchele, 52c
Lee Dalton, 57d David Tipling, 58h Martin
Harvey, 59g Martin Wendler, 59d Martin
Harvey, 79h Mark Bowler, 85b Alan
Williams, 86h Michael Leach and Meriel
Lland, 97d Ernie Janes, 99d Image Quest
3-D, 111d Guy Edwardes

Photolibrary 15b, 30b Andoni Canela, 61d
Mark Hamblin, 67c Brian Kenney, 70c
Juniors Bildarchiv, 80g Mark Hamblin, 94g
Mauro Fermariello

Shutterstock 4–5 PhotoLiz, 5d Cre8tive
Images, 6h Robert Taylor, 6b Alex Kuzovlev,
6–7c Dusty Cline, 7hc Yaroslav, 7b Steve
McWilliam, 8–9h Johanna Goodyear, 8–9c
Morgan Lane Photography, 11h Steve
McWilliam, 11c Lepas, 12c Cre8tive Images,
13c Robert Taylor, 13d Yaroslav, 15b
Christian Musat, 16g Joseph Calev, 16d
Yellowj, 17c Palto, 17d Dole, 18h Florin
Tirlea, 18c Studiotouch, 19b Dave Massey,
20c Kurt G, 21b Andrey Pavlov, 21d Andrey
Armyagov, 22–23 vnlit, 23d Kurt G, 24–25h
Joseph Calev, 25dh Joseph Calev, 25db
Joseph Calev, 25bg Steve McWilliam, 26c
Alex Kuzovlev, 27c Christopher Tan Teck
Hean, 27b Scott Rothstein, 29b Dusty Cline,
28–29b Christoph Weihs, 28b design56,
30h Lucio Tamino Hollander Correia,
31h vera bogaerts, 31c Dave Massey, 31d
Tiplyashin Anatoly, 32r iofoto, 33d
iNNOCENt, 34c Steve Byland, 35c
Christopher Ewing, 35b Milos Luzanin, 36d
Morgan Lane Photography, 37g David
Dohnal, 38d iNNOCENt, 39h Tony
Campbell, 40c Andrew Williams, 40b W.
Woyke, 41hd. Le Thanh Hung, 41d Santiago

Cornejo, 41b Christian Musat, 42c David
Dohnal, 45b Hydromet, 46d Ivonne Wierink,
47g Gertjan Hooijer, 50c Uwe Ohse, 51d
Verena Lüdemann, 51b Peter Elvidge, 53c
Kenneth William Caleno, 53b Joel Calheiros,
54d iofoto, 25h Tom Curtis, 55b David
Dohnal, 57c Jason Vandehey, 57b Timothey
Kosachev, 60h gallimaufry, 62g Nik Niklz,
63c David Hilcher, 63g Ultrashock, 65b
Emily Veinglory, 66d Eric Isselée, 68g Dwight
Smith, 69b ajt, 73h Ronnie Howard, 74c
Herbert Kratky, 76c Keith Naylor, 78c Oleg
Kozlov & Sophy Kozlova, 83c Tramper, 84g
javarman, 84d gallimaufry, 86–87 Pixinstock,
89d Anette Linnea Rasmussen, 91g Anette
Linnea Rasmussen, 91d ansem, 92d Xalanx,
93h Petrova Olga Vladimirovna, 93g Gertjan
Hooijer, 100d Anette Linnea Rasmussen,
101g Saied Shahin Kiya, 101d Graeme
Dawes, 102g Hallgerd, 102d Ronald van der
Beek, 103c Gordana Sermek, 103b Martin
Green, 104c Kokhanchikov, 108c Alistair
Scott, 111g Daniel Gale, 112–113 iofoto,
112h R. S. Ryan, 113g Peter Guess, 114–115
Mark Smith, 114g rebvt, 29h Roger Dale
Pleis.

Science Photo Library 109cd Kathy
Merrifield/ Science Photo Library

StockXchange 10–11 Peranandham
Ramaraj, 10–11 Dawn Allynn, 24–25 Stephen
Eastop, 50–51 ElvisSantana,

58–59 Kriss Szkurlatowski, 70–71 tome213,
76–77 andres_ol, 95t ks, 104b mrscenter

Les mots en
caractères **gras**
figurent dans
le glossaire de
la page 124.

Mon guide de la nature

— Terry Jennings —

Texte français du
groupe Syntagme inc.

Table des matières

Les bestioles

Les oiseaux

Les petits mammifères

Les plantes

Les bestioles

Qu'est-ce qu'une bestiole?

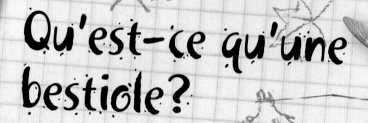

Les bestioles sont les plus petits animaux au monde. Que tu vives à la campagne ou à la ville, il y aura toujours des bestioles autour de toi. Ces petites bêtes sont partout : sur le sol, sous terre, dans l'eau et même dans nos maisons!

Tipule

Coléoptère

Papillon

Limace

Pas de colonne vertébrale

Les scientifiques appellent ces petites bêtes des **invertébrés** parce qu'elles n'ont pas de colonne vertébrale. Certaines, comme les escargots et les coléoptères, ont une coquille ou des ailes rigides pour se protéger, mais d'autres, comme les vers de terre, n'ont aucune protection.

Ver de terre

Escargot

Les insectes

On appelle souvent « insectes » les bestioles qui nous entourent, mais les véritables insectes ont six pattes et leur corps est divisé en trois parties. Par exemple, une guêpe est un insecte. Les araignées, les centipèdes, les millipèdes, les cloportes, les limaces, les escargots et les vers de terre ne sont pas des insectes parce qu'ils ne sont pas faits de cette façon.

Le savais-tu?

On compte plus d'un million d'espèces ou de sortes d'insectes. L'insecte le plus lourd est le goliath d'Afrique, une sorte de coléoptère qui peut peser jusqu'à 100 grammes.

Antenne

Tête

Thorax

Œil

Aile

Pièces buccales

Les parties du corps d'un insecte

Le corps des insectes se divise en trois parties — la tête, le thorax et l'abdomen. La tête comprend le cerveau, les yeux et les pièces buccales. Les ailes et les pattes sont rattachées au thorax de l'insecte. Enfin, l'abdomen contient l'appareil digestif et le cœur. Certains insectes, comme les abeilles femelles et les guêpes, ont également un dard au bout de leur abdomen.

Abdomen

Dard

Patte

↑ Comme tous les insectes, cette guêpe a six pattes. Elle a également deux paires d'ailes.

Cloporte

À la chasse aux bestioles

Comme les insectes sont petits, tu dois vraiment être tout près d'eux pour bien les voir. Évite cependant de trop t'approcher des insectes qui piquent, comme les abeilles et les guêpes. Une loupe est un excellent outil pour observer les insectes.

La trousse du chasseur de bestioles

Voici le matériel dont tu auras besoin pour étudier les bestioles :

- Une loupe
- Des pots en plastique et des contenants de margarine ou de crème glacée dont le couvercle a été percé de petits trous pour laisser passer l'air
- De petits pinceaux et des cuillers en plastique pour manipuler les bestioles sans leur faire mal
- Un carnet
- Un stylo ou un crayon
- Des crayons de couleur

⬇ Une loupe permet de mieux voir les petits détails de l'insecte.

⬆ Tu peux utiliser des pots en plastique, mais tu dois percer de petits trous dans le couvercle pour laisser passer l'air.

➡ Si tu vois un insecte que tu ne connais pas, dessine-le.

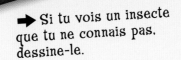

La prise de notes

Tout chasseur de bestioles a besoin d'un carnet, de crayons à mine et de crayons de couleur. Lorsque tu trouves une bestiole, tu peux prendre des notes dans un tableau.

Date	Type de bestiole	Heure	Lieu	Conditions météo	Où se trouvait la bestiole?	Que faisait la bestiole?
28 avril	Abeille	11 h	Au parc	Ensoleillé	Sur une fleur	Récoltait du pollen
2 mai	Fourmi	15 h 20	Sur le trottoir	Ensoleillé	Dans les fissures	Transportait du sable
18 juillet	Escargot	18 h	Dans le potager	Pluvieux	Sur un chou	Mangeait une feuille

ATTENTION!

Ne touche aucune bestiole à mains nues. Libère-la lorsque tu as fini de l'examiner. Assure-toi toujours de dire à un adulte où tu te trouves.

13

Papillons de jour et papillons de nuit

À toi de jouer!

Prends en note les couleurs et les sortes de fleurs que les papillons de jour et de nuit butinent. Ont-ils une fleur préférée?

Tous les papillons ont quatre ailes. Les deux ailes avant sont appelées **ailes antérieures**. On appelle « envergure » la largeur du papillon, du bout d'une aile à l'autre.

Suis-je presque tout noir avec des bandes orange ou rouges sur les ailes? Est-ce que j'ai des marques blanches sur les ailes antérieures?

Observons les papillons de jour et les papillons de nuit

- Il existe environ 20 000 espèces de papillons de jour et 100 000 espèces de papillons de nuit.

- Tous les papillons pondent des œufs. Il en sort de petites chenilles qui ressemblent à des vers et ont beaucoup de pattes. Les chenilles peuvent être de diverses couleurs et même avoir de petits piquants pour empêcher les oiseaux de les manger.

- Tu peux différencier un papillon de jour d'un papillon de nuit en regardant la position de ses ailes lorsqu'il se pose. La plupart des papillons de nuit ont les ailes étendues lorsqu'ils ne volent pas. Les autres papillons collent habituellement leurs ailes ensemble, au-dessus de leur corps.

Bande rouge ou orange

Marque blanche

Papillon vulcain

Envergure : 64 mm
Nourriture : Nectar des fleurs et jus de fruits
Habitat : Presque partout où il y a des fleurs ou de grandes orties
Œufs : Pondus sur des feuilles (les feuilles d'orties, par exemple)

Suis-je actif pendant la journée? Suis-je presque tout noir avec des taches rouges?

Taches rouges

Tyria

Envergure : 45 mm

Nourriture : Nectar des fleurs

Habitat : Cours, parcs, terrains vagues et terres agricoles

Œufs : Pondus sous les feuilles (feuilles de sénéçon, par exemple)

Suis-je presque tout blanc? Est-ce que mes ailes antérieures ont des taches et le bout noir?

Bout noir

Tache noire

Suis-je actif la nuit? Est-ce que j'ai des rayures blanches semblables à celles d'un tigre sur mes ailes antérieures?

Rayures blanches

Piéride du chou

Envergure : 64 mm

Nourriture : Nectar des fleurs

Habitat : Près des plantes

Œufs : Pondus sous les feuilles (feuilles de chou et de chou-fleur, par exemple)

Papillon tigré

Envergure : 76 mm

Nourriture : Nectar des fleurs

Habitat : Cours, parcs et terrains vagues

Œufs : Pondus sous les feuilles (feuilles d'orties et mauvaises herbes, par exemple)

Les mouches

Les mouches sont des insectes. On compte plus de 120 000 espèces de mouches dans le monde. Les gens ont l'impression que les mouches sont nuisibles parce qu'elles viennent se poser sur la nourriture et que certaines piquent. Mais en fait, la plupart des mouches sont utiles et inoffensives.

Gros œil

Suis-je un insecte de taille moyenne, noir ou bleu foncé avec de gros yeux?

Observons les mouches

- Les mouches n'ont que deux véritables ailes. Leurs ailes arrière, qui sont toutes petites, leur servent à garder l'équilibre lorsqu'elles volent.

- Toutes les mouches pondent des œufs. Quand les œufs éclosent, il en sort des larves, qu'on appelle des asticots. Après avoir passé un certain temps à se nourrir, elles se transforment en **pupes**, puis en mouches adultes.

Mouche domestique

Longueur : 8 mm

Nourriture : Presque n'importe quoi, y compris la nourriture des humains, des fruits pourris, des restes d'aliments jetés à la poubelle et des excréments d'animaux

Habitat : Partout

Œufs : Pondus dans du fumier, dans des déchets d'aliments ou dans le sol

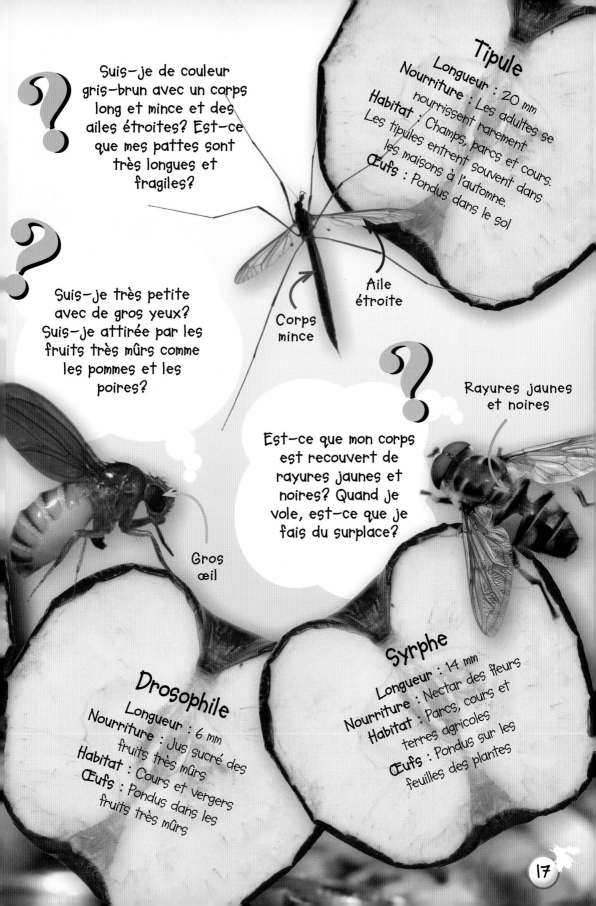

Suis–je de couleur gris–brun avec un corps long et mince et des ailes étroites? Est–ce que mes pattes sont très longues et fragiles?

Tipule
Longueur : 20 mm
Nourriture : Les adultes se nourrissent rarement
Habitat : Champs, parcs et cours. Les tipules entrent souvent dans les maisons à l'automne.
Œufs : Pondus dans le sol

Aile étroite

Corps mince

Suis–je très petite avec de gros yeux? Suis–je attirée par les fruits très mûrs comme les pommes et les poires?

Rayures jaunes et noires

Est–ce que mon corps est recouvert de rayures jaunes et noires? Quand je vole, est–ce que je fais du surplace?

Gros œil

Drosophile
Longueur : 6 mm
Nourriture : Jus sucré des fruits très mûrs
Habitat : Cours et vergers
Œufs : Pondus dans les fruits très mûrs

Syrphe
Longueur : 14 mm
Nourriture : Nectar des fleurs
Habitat : Parcs, cours et terres agricoles
Œufs : Pondus sur les feuilles des plantes

17

Les coléoptères

On trouve dans le monde plus de 370 000 sortes de coléoptères. Les coléoptères vivent presque partout sur la planète. Ils sont faciles à reconnaître puisqu'ils sont les seuls insectes à avoir des **élytres** sur le dos qui sont durs comme une armure. Les élytres sont les ailes antérieures du coléoptère.

Suis-je petite avec un corps mince et de longues antennes? Est-ce que mon thorax est rouge ou noir?

Corps étroit

Observons les coléoptères

 Les coléoptères ont de grandes ailes postérieures fines comme du papier. Quand le coléoptère vole, ses ailes antérieures sont relevées et seules ses ailes postérieures bougent.

Certains coléoptères mangent d'autres insectes, mais beaucoup se nourrissent de plantes et d'excréments d'animaux.

Th
ro

Mouche d'Espagne

Longueur : Environ 10 mm
Nourriture : Petits insectes
Habitat : Sur les grandes fleurs et sur le sol
Œufs : Pondus en amas, dans le sol

Longues
antennes

Est-ce que mon corps est long, noir ou bleu foncé? Est-ce que j'ai de longues antennes?

Carabe

Longueur : 16 mm
Nourriture : Autres insectes
Habitat : Sur le sol, parmi les feuilles mortes et sous les troncs d'arbres et les roches.
Œufs : Pondus sur le sol ou juste sous la surface du sol

Suis-je noir avec des bandes orangées ou jaunes sur le corps? Est-ce qu'on me trouve près du cadavre d'un petit animal?

Bande
orangée

Nécrophore

Longueur : 16 mm
Nourriture : Cadavres d'animaux
Habitat : Près d'animaux morts
Œufs : Pondus sur les cadavres d'animaux

Stries

Bousier

Longueur : 25 mm
Nourriture : Crottes ou excréments d'animaux
Habitat : Dans les prairies et aux endroits où il y a des excréments d'animaux (vaches, chevaux et lapins)
Œufs : Pondus sur des excréments d'animaux

Suis-je noir avec de courtes antennes? Est-ce que j'ai des stries sur ma carapace?

Les coccinelles

Les coccinelles sont probablement les coléoptères les plus connus. Elles sont très appréciées des jardiniers et des fermiers parce qu'elles mangent des insectes nuisibles, comme les pucerons, qui abîment les plantes des jardins et des champs.

Suis-je un petit insecte aux pattes courtes? Est-ce que mes élytres sont jaunes ou orangés avec des points noirs — un de chaque côté?

← Chaque jour, la coccinelle mange un grand nombre de pucerons nuisibles.

Patte courte

Gros point noir

Observons les coccinelles

 Les coccinelles ont habituellement une carapace de couleur vive parsemée de points noirs. Il y a dans le monde environ 5 000 sortes de coccinelles. Chaque sorte se distingue par sa carapace, c'est-à-dire par le nombre de points et la façon dont ils sont disposés.

 Lorsque la coccinelle est attaquée, elle expulse quelques gouttes d'un liquide nauséabond pour se protéger.

 En hiver, les coccinelles se cachent et **hibernent** (dorment) jusqu'au retour du beau temps.

Coccinelle à deux points

Longueur : 6 mm
Nourriture : Petits insectes comme des pucerons
Habitat : Parcs, cours, terres agricoles, forêts et terrains vagues
Œufs : Elle pond une vingtaine d'œufs sous les feuilles de plantes pleines de pucerons

Coccinelle à 14 points

Longueur : 5 mm
Nourriture : Principalement des pucerons
Habitat : Cours, terres agricoles, forêts et terrains vagues
Œufs : Elle pond entre 20 et 50 œufs sous les feuilles de plantes pleines de pucerons

Suis-je rouge ou jaune avec environ 14 points noirs, ou noire avec environ 14 points rouges ou jaunes?

Est-ce que j'ai de courtes pattes? Est-ce que mes élytres sont jaunes ou orangés avec des points noirs? Mes points sont-ils presque carrés?

Élytre rouge

Coccinelle à sept points

Longueur : 8 mm
Nourriture : Principalement des pucerons
Habitat : Cours, terres agricoles, forêts et terrains vagues
Œufs : Elle pond jusqu'à 200 œufs sous les feuilles de plantes pleines de pucerons

Point carré

Le savais-tu?

Une coccinelle à sept points peut manger jusqu'à 30 pucerons en 60 minutes. Elle peut donc avaler un puceron toutes les deux minutes!

Les abeilles et les guêpes

Les abeilles et les guêpes sont de insectes. Elles se nourrissent du nectar des fleurs, qui a un goût sucré. Les guêpes peuvent nous déranger en été parce qu'elles s attirées par les aliments sucrés.

← La ruche contient des alvéoles à six côtés qui abritent les œufs et les larves. C'est aussi là que les abeilles stockent le miel.

← Les guêpes nourrissent leurs larves qui éclosent dans les petites alvéoles où les œufs ont été pondus.

Le savais-tu?

Les abeilles n'ont aucun mal à trouver des fleurs ni à se rappeler où elles sont. À leur retour à la ruche, elles font une danse spéciale pour indiquer aux autres ouvrières où se trouvent les fleurs.

Observons les abeilles et les guêpes

- Dans chaque ruche ou nid viven un grand nombre d'abeilles ou de guêpes avec leur mère, la **reine**.

- Le **pollen** des fleurs reste collé au corps velu des abeilles. Ainsi, sans le savoir, les abeilles transportent le pollen d'une fleu à une autre. On appelle cela la **pollinisation**.

- Pendant la majeure partie de l'été, les guêpes attrapent et tuent des insectes pour nourrir leurs larves.

Est-ce que j'ai un corps rond et poilu? Suis-je presque tout noir avec des marques dorées, rouges ou blanches?

Est-ce que mon corps est noir avec des rayures jaunes et des points noirs?

Point noir

Corps rond et poilu

Rayure jaune

Guêpe

Longueur : 22 mm
Nourriture : Surtout des insectes, mais aussi des fruits mûrs et des aliments sucrés à la fin de l'été.
Habitat : Presque partout en ville et à la campagne
Œufs : Pondus par la reine dans le nid

Bourdon

Longueur : 18 mm
Nourriture : Le pollen et le nectar des fleurs
Habitat : Cours, parcs, terres agricoles et forêts
Œufs : Pondus par la reine dans le nid

Abeille

Longueur : 16 mm
Nourriture : Le pollen et le nectar des fleurs
Habitat : Presque partout où il y a des fleurs
Œufs : Pondus par la reine dans la ruche

Suis-je petite et presque toute noire ou brune? Est-ce que j'ai une bande orange sur l'abdomen?

ATTENTION!

Ne t'approche pas trop des abeilles ou des guêpes. Elles peuvent te piquer si elles se sentent menacées ou si tu fais un mouvement brusque.

Bande orange

Pollen

Les fourmis

Les fourmis vivent dans de grandes **colonies**. Une colonie peut compter jusqu'à 100 000 fourmis, qui ont toutes la même mère, appelée la reine. Les fourmis que l'on voit le plus souvent sont les ouvrières. Ce sont des femelles qui sont incapables de pondre des œufs.

À toi de jouer!

Peut-être pourras-tu un jour apercevoir des nuées de fourmis volantes tournoyer dans les airs. Ce sont les mâles et les femelles pondeuses qui quittent le nid pour faire leur vol nuptial. Après l'accouplement, les mâles meurent, mais les femelles s'en vont bâtir un nouveau nid où elles pondront leurs œufs.

Observons les fourmis

🐜 On compte environ 14 000 espèces de fourmis dans le monde. Les fourmis sont des insectes. La plupart d'entre elles ont un gros abdomen, de longues pattes et des mâchoires solides.

🐜 Les ouvrières n'ont pas d'ailes parce qu'elles vivent dans des nids souterrains; leurs ailes les gêneraient.

🐜 Les fourmis se nourrissent de différentes choses, mais la plupart aiment les aliments sucrés. Certaines fourmis vont récolter le liquide sucré, appelé le **miellat**, produit par les pucerons.

Suis-je petite et de couleur noire ou brun foncé?

Corps brun foncé

Fourmi noire des jardins

Longueur : 5 mm (ouvrière)
Nourriture : Plantes, graines, petits animaux et miellat
Habitat : Partout en ville et à la campagne
Œufs : Pondus par la reine dans un nid souterrain

Suis-je petite et de couleur jaune-brun? Est-ce que je vis dans les zones herbeuses?

Suis-je petite et jaune? Est-ce que je vis au chaud dans les maisons et les immeubles?

Fourmi jaune des prairies

Longueur : 3 mm (ouvrière)
Nourriture : Plantes, graines et petits animaux
Habitat : Prairies. Les nids ressemblent à de petites buttes de sable ou de terre
Œufs : Pondus sous terre par la reine

Abdomen jaune-brun

Corps jaune

Fourmi rousse

Longueur : Environ 6 mm (ouvrière)
Nourriture : Plantes, graines et petits animaux
Habitat : Régions boisées où il y a des conifères
Œufs : Pondus par la reine dans un grand nid fait de feuilles d'arbres

Est-ce que je suis grosse? Est-ce que j'ai un thorax rouge et un abdomen foncé? Est-ce que je vis dans les forêts?

Thorax rouge

Fourmi pharaon

Longueur : 2 mm (ouvrière)
Nourriture : Restes de nourriture humaine
Habitat : Au chaud, dans les fissures de bâtiments
Œufs : Pondus par la reine dans des nids situés dans des fissures

Les araignées

Les araignées se nourrissent principalement d'insectes, surtout de mouches. Les grosses araignées qui vivent dans les régions tropicales peuvent attraper et manger des souris et de petits oiseaux.

Suis-je brune avec une croix blanche sur le dos?

Croix blanche

Observons les araignées

- Les araignées ont huit pattes, et la plupart d'entre elles ont aussi huit yeux. Leur corps est divisé en deux parties : le céphalothorax, qui comprend la tête et le thorax soudés ensemble, et l'abdomen.

- Les araignées sont toutes capables de fabriquer de la soie. Elles sécrètent de la soie sous forme liquide, qui durcit au contact de l'air. Avec la soie qu'elles produisent, certaines araignées tissent des toiles pour piéger leurs **proies**.

- Il existe plus de 40 000 espèces d'araignées.

Épeire

Longueur : Environ 13 mm
Nourriture : Petits insectes volants qui se prennent dans sa toile
Habitat : Cours, parcs, forêts, terrains vagues et haies
Œufs : Elle peut pondre jusqu'à 800 œufs sur des poteaux de clôtures ou dans les fissures dans les arbres.

À toi de jouer!

Trouve une toile d'araignée et défais-en doucement une partie avec le bout d'un brin d'herbe. Retourne voir le lendemain matin. L'araignée a-t-elle réparé sa toile?

26

Longue patte

Araignée domestique

Longueur : 10 mm
Nourriture : Petits insectes qui se prennent dans sa toile
Habitat : Dans les immeubles
Œufs : Pondus dans une enveloppe de soie à l'intérieur d'un immeuble

Est-ce que mes pattes sont très longues? Est-ce que mon corps est jaune ou rouge-brun avec des taches?

Est-ce que j'ai de longues pattes? Est-ce que j'ai une bande pâle au milieu du céphalothorax?

Femelle avec une poche à œufs

Pattes de crabe

Suis-je petite et de couleur jaune ou blanche? Est-ce que j'ai un corps arrondi et des pattes qui ressemblent à celles d'un crabe?

Bande pâle

Longue patte

Araignée-loup

Longueur : 8 mm
Nourriture : Petits insectes qu'elle pourchasse
Habitat : Terrains dénudés dans les cours, les parcs, les terres agricoles et les forêts
Œufs : Les femelles pondent leurs œufs dans un sac de soie

Araignée-crabe

Longueur : 10 mm
Nourriture : Petits insectes, qu'elle attrape en les surprenant
Habitat : Hautes herbes et fleurs
Œufs : Les femelles pondent des œufs dans un cocon de soie

Des tas de pattes

Tous les insectes ont six pattes, tandis que les araignées en ont huit. D'autres bestioles, comme les cloportes, les centipèdes et les millipèdes, ont beaucoup de pattes. Ces petites bêtes vivent cachées dans les troncs d'arbres pourris, sous les pierres et les souches ou sous des tas de feuilles mortes.

Suis-je long? Est-ce que j'ai une paire d'antennes? Est-ce q mon corps est compos de plusieurs segment qui comptent chacun deux paires de pattes

Deux pattes par segment

Observons les bestioles qui ont beaucoup de pattes

- Le cloporte a 14 pattes et son corps est recouvert de plaques dures qui se chevauchent comme les tuiles d'un toit.

- Les centipèdes et les millipèdes sont habituellement beaucoup plus longs que les cloportes. Leur corps est formé de plusieurs segments. Certains d'entre eux ont plusieurs centaines de pattes.

- Les cloportes et les millipèdes se nourrissent principalement de plantes mortes.

- Les centipèdes mangent de minuscules animaux comme les insectes et leurs larves.

Millipède

Longueur : De 20 à 50 mm
Nourriture : Plantes mortes et bois pourri
Habitat : Sous les souches, les pierres, l'écorce et sous des feuilles mortes
Œufs : Certains millipèdes pondent leurs œufs dans de petits nids

Suis-je long?
Est-ce que j'ai une paire d'antennes?
Est-ce que mon corps est composé de segments qui comptent chacun une seule paire de pattes?

Centipède

Longueur : De 25 à 80 mm

Nourriture : Petites bêtes comme les insectes et leurs larves

Habitat : Sous les souches, les pierres, l'écorce et sous des tas de feuilles mortes

Œufs : La femelle roule ses œufs sur le sol pour qu'ils ressemblent à de petites boules de terre.

Longue antenne

Suis-je presque tout gris ou brun foncé? Est-ce que je me roule parfois en boule?

Cloporte vulgaire

Longueur : 18 mm

Nourriture : Plantes mortes, bois pourri

Habitat : Dans les endroits humides, par exemple sous l'écorce des arbres, les souches et les pierres et sous des tas de feuilles mortes

Œufs : Pondus dans la poche de la mère

Corps gris

Cloporte roulé en boule

Suis-je presque tout gris ou brun foncé? Est-ce que j'ai 14 pattes et une paire de longues antennes?

Antenne

Cloporte

Longueur : 18 mm

Nourriture : Plantes mortes, bois pourri

Habitat : Dans les endroits humides, par exemple sous l'écorce des arbres, les souches et les pierres, et sous les tas de feuilles mortes

Œufs : Pondus dans la poche de la mère

Le savais-tu?

En Amérique centrale et en Amérique du Sud, les centipèdes peuvent atteindre 30 cm de long et infliger aux humains des morsures douloureuses.

Un seul pied

Certains petits animaux, comme les limaces et les escargots, ont un seul « pied ». Ce pied se trouve sous leur corps et est formé de petits muscles qui les aident à se déplacer. Les escargots sont mieux protégés que les limaces puisqu'ils peuvent se cacher dans leur coquille par mauvais temps ou s'ils se sentent attaqués.

Est-ce que ma coquille est grosse et arrondie? Est-elle principalement brun pâle et striée de bandes foncées?

Observons les limaces et les escargots

- La coquille de l'escargot est faite d'une matière calcaire que l'escargot fabrique. L'escargot peut rentrer tout son corps dans sa coquille, mais il ne peut pas en sortir complètement.
- Les limaces ressemblent à des escargots sans coquille. Certaines limaces ont cependant une petite coquille cachée sous leur peau.
- Les limaces et les escargots ont deux paires de tentacules sur la tête. Leurs yeux se trouvent au bout des deux plus gros tentacules. Les petits tentacules leur permettent de sentir.

Grosse coquille

Escargot commun

Taille de la coquille : jusqu'à 38 mm de haut et 35 mm de large

Nourriture : Plantes vivantes et mortes comme du chou et de la laitue

Habitat : Presque partout où il y a des plantes qui poussent, surtout dans les cours et les parcs

Œufs : Pondus en amas dans le sol humide

Suis-je grosse et complètement noire? Est-ce que je me roule parfois en boule?

Corps noir

Grande limace

Longueur : Jusqu'à 15 cm
Nourriture : Plantes et excréments
Habitat : Parcs, forêts, cours et terrains vagues
Œufs : Pondus en grappe dans le sol humide ou les tas de compost

Ma coquille est-elle fine et presque transparente? Est-elle en forme de cône avec un bout arrondi?

Coquille en forme de cône

Cochlicopa lubrica

Taille de la coquille : Jusqu'à 6 mm de long et jusqu'à 3 mm de large
Nourriture : Petites plantes
Habitat : Dans presque tous les milieux humides, y compris sous les feuilles mortes et les souches et dans les hautes herbes
Œufs : Pondus en grappe dans le sol humide ou sur la mousse

Suis-je petite et très visqueuse? Suis-je de couleur grise, brun pâle ou jaune pâle?

Corps visqueux

À toi de jouer!

Recouvre de feuilles d'essuie-tout humides le fond d'un vieux contenant de margarine et perce des petits trous dans le couvercle. Place un escargot dans le contenant et dépose autour de lui différents types d'aliments, comme des morceaux de pomme et de pomme de terre. Quels aliments l'escargot semble-t-il préférer?

Loche ou limace grise

Longueur : Jusqu'à 2,5 cm
Nourriture : Surtout des plantes vertes
Habitat : Cours, parcs et terres agricoles
Œufs : Pondus en grappe dans le sol humide ou sous des roches

Les vers de terre

Les vers de terre sont peut-être petits, mais ils comptent parmi les animaux les plus importants du monde. Heureusement, il y en a des millions. Jusqu'à cinq millions de vers de terre peuvent vivre dans un espace de la taille d'un terrain de soccer.

Suis–je long et mince? Suis–je dépourvu de pattes, d'yeux et d'oreilles? Est–ce que mon corps est formé de segments avec, vers l'avant, une zone plus large en forme de selle appelée clitellum?

Segment

Clitellum

Bouche

Observons les vers de terre

🐝 Le ver de terre a une tête et une queue, mais la majeure partie de son corps est formée de segments presque identiques. Chacun de ces segments est recouvert de minuscules poils raides qui aident le ver à s'agripper aux parois des tunnels qu'il creuse sous la terre.

🐝 Les vers de terre n'ont ni oreilles, ni yeux, ni nez. Leur peau est sensible à la lumière.

🐝 Les vers de terre sont très utiles. Les tunnels qu'ils creusent aèrent le sol et permettent à l'air et à l'eau d'atteindre les racines des plantes. De plus, leurs turricules (excréments) rendent le sol plus **fertile**.

Ver de terre

Longueur : De 3 à 18 cm
Nourriture : Feuilles mortes, plantes pourries et matières animales
Habitat : Sous la terre
Œufs : Pondus dans un petit sac brun, ou cocon, d'environ 6 mm de long

Feuilles mortes

Ver de terre

Terre de couleur

← Les turricules nous montrent où les vers de terre sont allés se nourrir pendant la nuit.

Crée un habitat pour les vers

Ce dont tu auras besoin :

- Un grand pot transparent
- De la terre de trois couleurs différentes, en petites quantités
- Des bouts de pellicule plastique
- Un peu de sable ou de craie
- Une feuille de papier noir
- Du ruban adhésif
- Des feuilles mortes
- Trois vers de terre

1. Enlève tous les cailloux ou les morceaux de terre durcie de tes trois échantillons de terre, puis dépose les échantillons de terre par couche de chaque couleur dans le pot.

2. Ensuite, verse une fine couche de sable ou de craie sur la terre. Ajoute un peu d'eau pour garder la terre humide.

3. Dépose les vers de terre sur la terre et recouvre le tout de feuilles mortes.

4. Enroule la feuille de papier noir autour du pot. Conserve le pot dans un lieu frais et sombre.

5. Après quelques jours, enlève le papier noir pour voir ce qui s'est passé. Note les résultats.

6. Remets les vers où tu les as trouvés.

Les bestioles en danger

Tu as peut-être l'impression qu'il y a des bestioles partout, et pourtant, de nombreuses espèces risquent de disparaître complètement. C'est ce qui s'appelle l'**extinction**. La plupart des espèces en voie d'extinction risquent de disparaître à cause de l'activité humaine.

Perte d'habitat

Chaque type d'insecte vit dans un milieu particulier; c'est son habitat.
Partout dans le monde, les humains détruisent les habitats naturels. Ils assèchent les marécages et rasent les forêts pour construire des routes et des usines. À d'autres endroits, la terre dans laquelle vivent les insectes est recouverte de béton et d'immeubles.

⬆ On est en train de dégager ce terrain pour construire une nouvelle route. Les insectes qui y vivaient et qui y pondaient leurs œufs devront trouver un autre endroit où aller.

⬇ Dans le passé, on pouvait vendre des collections de papillons rares à des prix très élevés.

Collections d'insectes

Dans certaines régions du monde, de nombreux papillons de jour et de nuit de grande taille sont capturés et tués. On les place dans des cadres ou on s'en sert pour fabriquer des objets décoratifs vendus comme souvenirs aux touristes.

← Les produits chimiques qui sont vaporisés dans ce champ peuvent tuer tout autant les insectes utiles que ceux qui sont nuisibles.

Le savais-tu?

Plus de mille espèces de papillons sont en voie d'extinction. Dans de nombreuses régions du monde, des colonies entières d'abeilles sont en train de disparaître.

La pollution

De nombreux insectes meurent à cause de la **pollution**, notamment celle causée par les produits chimiques employés sur les terres agricole pour tuer les insectes nuisibles ou aider les plantes à pousser. Ces produits chimiques tuent non seulement les insectes nuisibles, mais aussi des petites bêtes utiles, comme les coccinelles et les abeilles. Et même s'ils ne tuent pas toujours les insectes, les produits chimiques peuvent tuer les plantes dont les insectes ont besoin pour se nourrir ou pour pondre leurs œufs.

À toi de jouer!

Tout le monde peut donner un petit coup de pouce aux insectes en aménageant, près des maisons et des écoles, des endroits où ils peuvent se nourrir et pondre leurs œufs en toute sécurité. Même si tu n'as pas de cour chez toi, tu peux placer à l'extérieur des pots ou des jardinières contenant des fleurs qui attirent les abeilles, les papillons et d'autres insectes.

↑ Si tu trouves un insecte dans un endroit où il risque d'être blessé, va le mettre en lieu sûr.

Les oiseaux

Qu'est-ce qu'un oiseau?

Les oiseaux sont les seuls animaux qui ont des plumes. Leur corps est soutenu par un **squelette**. Ils pondent des œufs qui ont une coquille dure. La plupart des oiseaux construisent des **nids** dans lesquels leurs œufs et leurs oisillons sont à l'abri et en sécurité. On trouve des oiseaux partout dans le monde.

Coupe

Arbre creux

Les nids

Il existe des nids de différentes formes et tailles. La plupart des oiseaux construisent des nids qui ressemblent à de petits paniers dans les arbres et les buissons, mais d'autres font des nids en forme de dôme. Certains oiseaux se creusent un nid dans le sol ou sur la plage. Ce type de nid est appelé une coupe. Certains nids sont construits sur les murs extérieurs des immeubles ou dans des arbres creux. Pour faire leur nid, les oiseaux utilisent différents matériaux, y compris des brindilles et de la terre.

➡ Les autriches sont les plus grands oiseaux du monde..

Le savais-tu?

Il existe plus de 9 000 espèces d'oiseaux. L'oiseau le plus grand est l'autruche. Elle peut atteindre 2,5 mètres de haut, et ses œufs peuvent peser jusqu'à 1,8 kilogramme.

Nid en forme de dôme

Nid en forme de panier

Des pattes, des ailes et un bec

Les oiseaux ont tous des ailes, mais certains d'entre eux, comme les manchots, ne peuvent pas voler. Les pattes des oiseaux sont recouvertes d'**écailles**. Les écailles sont de petites plaques de peau lisses et dures qui se chevauchent. Le bec des oiseaux est dur, mais l'intérieur de leur bouche est mou, comme chez l'humain. Les oiseaux se servent de leur bec pour saisir des choses et faire leur toilette.

Pennes

↑ Les manchots ne peuvent pas voler, mais ils utilisent leurs ailes comme pagaies lorsqu'ils nagent sous l'eau.

Bec

→ Les colombes n'ont aucun mal à voler. Les plumes de leurs ailes, appelées pennes, leur servent de gouvernail.

Plumes de contour

Plumes de la queue

Pattes recouvertes d'écailles et terminées par des griffes

Plumes de contour

Duvet

Pennes

Les plumes

Les plumes sont faites de la même matière que les cheveux et les ongles des humains. Il existe trois principaux types de plumes. Le duvet recouvre directement la peau et tient chaud à l'oiseau. Les plumes de contour recouvrent l'oiseau comme une combinaison imperméable et lui donnent une forme **fuselée**. Les pennes, c'est-à-dire les plumes des ailes et de la queue, lui permettent de voler.

L'observation d'oiseaux

Que tu habites en ville ou à la campagne, tu peux observer les oiseaux. Tu peux même étudier les oiseaux que tu aperçois en allant à l'école.

Matériel

Voici les principaux outils dont tu auras besoin pour observer les oiseaux :

- Un calepin
- Un stylo ou un crayon
- Des jumelles pour mieux voir les oiseaux

⬇ Lorsque tu sors pour observer les oiseaux, apporte des jumelles afin de mieux les voir.

Jumelles

Le savais-tu?

Les plus petits œufs d'oiseau du monde sont ceux du colibri nain de Jamaïque. Ils ne sont pas plus gros que des petits pois.

L'identification des oiseaux

Tu peux identifier différentes espèces d'oiseaux en observant leur forme, leurs couleurs et leurs marques. La cour de ta maison et le parc sont de bons endroits pour commencer à observer les oiseaux. Lorsque tu as identifié un oiseau, tu peux prendre des notes dans ton calepin.

⬆ Lorsque tu aperçois un oiseau, fais-en un croquis dans ton calepin. Tu peux également noter la couleur de l'oiseau et les marques de son plumage.

Vue rapprochée avec des jumelles

Date	Type d'oiseau	Heure	Lieu	Conditions météo	Que faisait l'oiseau?	L'oiseau était-il seul?
2 mars	Pie	10 h	Au parc	Ensoleillé	Perché dans un arbre	Il y en avait 2
28 avril	Foulque	15 h 30	À la rivière	Venteux	Il nageait	Oui
18 juillet	Chouette effraie	19 h 30	Dans le bois	Chaud	Il volait	Oui

ATTENTION!

Avertis toujours un adulte avant de partir observer les oiseaux et dis-lui où tu comptes aller. Si tu es en compagnie d'un adulte, ne le quitte jamais sans permission.

Apporte un stylo ou un crayon de rechange, au cas où tu en aurais besoin.

HB

Les oiseaux des villes

Certains oiseaux vivent dans de grandes villes très peuplées. Ils se nourrissent souvent de restes d'aliments que les gens leur laissent. Ces espèces d'oiseaux vivent également à la campagne.

Suis-je plutôt gras avec une courte queue? Est-ce que mon plumage est de couleur bleu-gris, ou parfois blanc?

Petite tête

Corps arrondi

Observons les oiseaux des villes

Les pigeons des villes vivent souvent en grands groupes. On peut les apercevoir sur le toit des immeubles, dans les parcs et dans les cours. Ils se nourrissent la plupart du temps de restes de nourriture.

Les étourneaux sont souvent sur le sol, à la recherche d'insectes et de larves. En été, les étourneaux se regroupent souvent pour former des colonies qui peuvent compter des milliers d'individus.

Les pies vivent souvent en couple. Perchées dans les arbres, elles jacassent ou poussent des cris. Certaines personnes ne les aiment pas beaucoup parce qu'elles tuent et mangent les oisillons des autres espèces. Cependant, les pies se nourrissent la plupart du temps d'animaux tués sur la route.

Pigeon des villes

Longueur : 35 cm
Habitat : Villes, villages, immeubles en ruine, fermes
Nourriture : Restes de nourriture humaine, graines et plantes
Nid : Sur les rebords des immeubles
Œufs : Deux, mais les pigeons se reproduisent toute l'année

? Suis-je assez grosse avec un court bec? Suis-je noire et blanche? Est-ce que j'ai une longue queue?

Longue queue vert-noir

Tache blanche sur l'aile

Aile bleu-noir

Bec jaune

? Suis-je assez petit? Est-ce que j'ai un bec fin et des plumes vertes ou violettes parsemées de taches?

Poitrine tachetée

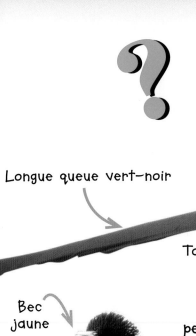

Pie

Longueur : 50 cm

Habitat : Parcs, cours, prairies parsemées d'arbres, terres agricoles, forêts et régions côtières

Nourriture : Insectes, limaces, vers, petits oiseaux, graines, fruits, animaux morts ou charognes

Nid : Large nid en forme de dôme fait de brindilles dans un arbre ou un buisson épineux

Œufs : Entre cinq et sept

Étourneau

Longueur : 24 cm

Habitat : Villages, villes, fermes, falaises et forêts

Nourriture : Insectes, graines, petits fruits, fruits et restes de nourriture humaine

Nid : Trous dans des troncs d'arbres, dans des immeubles et sous les plantes grimpantes

Œufs : Entre quatre et sept

À toi de jouer!

Quel type de nourriture les oiseaux préfèrent-ils? Choisis différents aliments, comme des graines et du pain, et dépose chaque sorte dans un plat. Place les plats à l'extérieur. Quelle nourriture les oiseaux vont-ils manger en premier?

Les petits oiseaux à bec court

De nombreux petits oiseaux ont un bec court et solide dont ils se servent pour casser des graines. Ces oiseaux peuvent aussi manger d'autres choses, surtout en hiver lorsqu'ils sont affamés.

Suis-je plutôt petit avec un bec brun et une tête grise?

Tête grise

Sourcil pâle

Bavette noire

MÂLE

Suis-je petit? Est-ce que mon bec est brun et ma poitrine grise et terne?

Observons les petits oiseaux à bec court

- Les moineaux domestiques vivent en colonies. Le mâle a, sous le bec, une petite tache noire qui ressemble à une bavette.

- En hiver, des moineaux friquets se joignent parfois aux colonies de moineaux domestiques et d'autres petits oiseaux.

- Le pinson mâle a la poitrine rose. Le dessus de sa tête est de couleur gris-bleu. Le plumage de la femelle est plus terne.

Poitrin grise e terne

Moineau domestique

Longueur : 15 cm

Habitat : Maisons, fermes, parcs et cours

Nourriture : Restes de nourriture humaine, graines et insectes

Nid : Dans des trous, dans du lierre ou dans d'autres plantes grimpantes touffues

Œufs : Entre trois et six

FEMELLE

Suis-je petit? Le dessus de ma tête est-il brun? Est-ce que j'ai une tache noire sur les joues?

Tête brune

Tache noire sur la joue

Moineau friquet

Longueur : 15 cm
Habitat : Vieux arbres, immeubles en ruine, falaises
Nourriture : Graines et insectes
Nid : Surtout dans des trous dans des troncs d'arbres
Œufs : Entre quatre et six

Suis-je petit? Est-ce que j'ai une tache blanche sur les épaules et une rayure blanche sur les ailes?

Tête gris-bleu

Rayure blanche

Poitrine rose

Épaule blanche

MÂLE

Suis-je petit? Est-ce que j'ai une rayure blanche sur les ailes?

Pinson

Longueur : 16 cm
Habitat : Parcs, cours, forêts et terres agricoles en hiver
Nourriture : Graines, fruits et insectes
Nid : Petits nids en forme de panier dans les buissons et les arbres
Œufs : Quatre ou cinq

Rayure blanche

ATTENTION!

Si des oiseaux ont élu domicile près de chez toi, ne t'approche pas trop de leur nid. Si tu leur fais peur, les parents pourraient quitter leur nid et ne jamais revenir s'occuper de leurs bébés.

FEMELLE

45

Les petits oiseaux à bec fin

Les oiseaux qui ont un bec petit et fin s'en servent principalement pour attraper des insectes et des larves d'insectes. S'ils sont vraiment affamés, ils peuvent manger d'autres choses, comme des graines et des baies.

Suis-je très petit et de couleur brune? Est-ce que ma courte queue est relevée vers le haut?

Queue relevée vers le haut

Plumage brun

Observons les petits oiseaux à bec fin

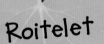 Les roitelets sont de petits oiseaux très actifs qui courent vite sur le sol, comme des souris. Malgré leur petite taille, ils peuvent piailler vraiment très fort.

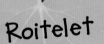 Les grives musiciennes cassent les coquilles d'escargot en les frappant contre une roche. Avec leur bec, elles sortent l'escargot de sa coquille et le mangent.

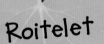 Les mésanges à longue queue construisent un nid ovale fait de mousse et de lichen. Elles en recouvrent le fond avec des plumes et percent un trou sur le côté.

Roitelet

Longueur : 10 cm
Habitat : Cours, parcs, forêts, terres agricoles, buissons, haies et falaises
Nourriture : Insectes et graines
Nid : Nid en forme de dôme dans des haies ou du lierre ou dans des crevasses
Œufs : Entre cinq et huit

Épaules
roses

Suis-je très petite
avec un ventre de
couleur claire?
Ma queue est-elle
longue et étroite?

?

Queue longue
et étroite

Mésange à longue queue

Longueur : 14 cm
Habitat : En bordure des forêts, dans les haies épaisses et dans les parcs
Nourriture : Insectes et graines
Nid : Nid fermé de forme ovale construit dans un buisson épineux ou au sommet d'un arbre
Œufs : Entre sept et douze

Est-ce que j'ai
le dos brun et
le ventre plus pâle
et couvert de
taches noires?

Dos brun

Ventre
tacheté

Grive musicienne

Longueur : 24 cm
Habitat : Cours, parcs, haies épaisses, forêts et buissons
Nourriture : Escargots, limaces, vers, insectes et baies
Nid : Nid en forme de panier construit dans des haies, des arbres, du lierre ou des remises
Œufs : Entre quatre et six

À toi de jouer!

Tu peux fabriquer un bain d'oiseaux avec un bol peu profond. Enfonce légèrement le bol dans le sol, puis remplis-le d'eau propre. Note quels oiseaux viennent s'y baigner ou y boire.

Les oiseaux à queue fourchue

Certains oiseaux ont une queue fourchue, c'est-à-dire une queue qui se divise en deux pointes. À l'approche de l'hiver, les oiseaux à queue fourchue s'envolent vers des pays où il fait plus chaud. C'est ce qu'on appelle la **migration**.

Suis-je de couleur bleu-noir avec un ventre blanc? Est-ce que ma queue est courte et fourchue?

Ventre blanc

Queue courte et fourchue

Observons les oiseaux à queue fourchue

Les martinets sont incapables de marcher sur le sol parce que leurs pattes sont trop faibles. Ils se perchent à des endroits élevés et s'envolent dans les airs.

Les hirondelles de fenêtre construisent leur nid sous la **corniche** des maisons et des granges, sous les ponts et sur des falaises.

Les hirondelles construisent leur nid dans des granges, sur des rebords de fenêtres et sous des chevrons. Elles chassent parfois en survolant des plans d'eau.

Hirondelle de fenêtre

Longueur : 13 cm

Habitat : Villes, villages, ponts et falaises.

Nourriture : Insectes volants

Nid : Fait de terre et construit sous la corniche des maisons, sous les ponts ou sur des falaises

Œufs : Quatre ou cinq

Est-ce que j'ai de longues ailes pointues? Est-ce que je suis tout noir avec une petite tache blanche sur la gorge?

e longue étroite

Queue courte et fourchue

Tache blanche

Est-ce que j'ai de longues ailes, une longue queue fourchue et une tache rouge sur la tête?

Tache rouge

Martinet

Longueur : 17 cm
Habitat : Il passe la plupart de son temps dans le ciel des villes et des villages et au-dessus des plans d'eau
Nourriture : Insectes volants
Nid : Dans les trous des toits, sur le rebord des fenêtres, dans les clochers des églises et sur les falaises
Œufs : Deux ou trois

Queue longue et fourchue

Hirondelle

Longueur : De 16 à 22 cm
Habitat : Dans les fermes et aux abords des villes et des villages
Nourriture : Insectes volants
Nid : Fait de terre et construit sur le rebord des granges, des maisons et des remises
Œufs : Entre quatre et six

Les oiseaux de proie ?

Suis-je très gros avec de longues ailes et une queue arrondie? Est-ce que je vole très haut dans le ciel? Est-ce que je peux planer sur de longues distances?

Les oiseaux de proie chassent pendant la journée. Ils se servent de leur bec crochu pour arracher la chair. Ils ont également de longues griffes acérées, appelées **serres**, avec lesquelles ils attrapent et retiennent leur **proie**.

Tête et cou de couleur pâle

Dos brun-noir →

Grosses serres

Observons les oiseaux de proie

- Les aigles royaux vivent dans des lieux isolés et peu fréquentés par les humains, par exemple dans les montagnes ou sur les falaises qui bordent la mer.

- Les crécerelles chassent en survolant les terres agricoles, les prairies, les parcs, les villes, les landes et les marécages.

- Les faucons pèlerins sont les oiseaux les plus rapides du monde lorsqu'ils pourchassent une proie.

Aigle royal

Longueur : De 76 à 90 cm
Habitat : Montagnes, landes, collines, falaises et pinèdes
Nourriture : Petits mammifère oiseaux et charognes
Nid : Gros tas de branches et brindilles sur une falaise ou da un arbre
Œufs : Deux

Aile pointue

Longue queue

Est-ce que j'ai une longue queue, des ailes pointues et une tête gris-bleu? Est-ce que je plane dans les airs?

Suis-je plutôt gros avec des ailes pointues? Le bout de ma queue est-il effilé? Est-ce que je vole très haut dans le ciel?

Bec crochu

Gorge blanche

Ventre rayé

Crécerelle

Longueur : 36 cm
Habitat : Terres agricoles, forêts clairsemées, parcs, villes, falaises, landes et près des autoroutes
Nourriture : Petits mammifères, oiseaux et insectes
Nid : Dans des nids de corbeau abandonnés, dans des arbres creux ou sur le sol
Œufs : Entre quatre et six

Faucon pèlerin

Longueur : 48 cm
Habitat : Montagnes, landes, falaises en bordure de la mer, villes et, en hiver, marais
Nourriture : Principalement des pigeons et d'autres oiseaux
Nid : Le plus souvent sur des rebords de falaises, mais parfois aussi au sommet d'immeubles et de ponts élevés
Œufs : Entre deux et six

Les oiseaux de nuit

La plupart des oiseaux sont actifs pendant la journée et, tout comme nous, ils dorment la nuit. Cependant, certains oiseaux sont **nocturnes**, c'est-à-dire qu'ils sont éveillés pendant la nuit.

Suis-je un gros hibou brun et noir avec des « oreilles » sur le dessus de la tête?

Aigret

Œil orange

Bec crochu

Observons les hiboux

De nombreux hiboux sont nocturnes. Les hiboux ont tous une vue perçante et une ouïe très fine. Contrairement à la plupart des autres oiseaux, les hiboux ont les yeux placés à l'avant plutôt que sur les côtés de la tête.

La tête du hibou se tourne complètement vers l'arrière. Le hibou peut donc voir derrière son dos.

De nombreux hiboux ont un plumage de même couleur que leur environnement. Ils sont donc difficiles à repérer lorsqu'ils ne bougent pas. On appelle cela le **camouflage**.

Serre

Hibou moyen-duc

Longueur : 37 cm
Habitat : Bois, forêts, landes et marais
Nourriture : Petits mammifères, oiseaux et insectes
Nid : Dans des nids d'écureuil ou d'oiseaux abandonnés, par exemple des nids de pies, ou sur le sol
Œufs : Entre trois et six

Suis-je brun pâle avec la face blanche?

Lorsque les hiboux mangent de petits animaux, ils avalent également les os et la fourrure. Ils recrachent ensuite ces parties non comestibles sous forme de boulettes. Essaie de trouver une de ces boulettes. Enfile des gants pour la manipuler. Trempe-la dans l'eau. Utilise de petites pinces pour la défaire en morceaux et voir ce que le hibou a mangé.

Suis-je un gros oiseau gris avec de longues ailes couvertes de rayures noires?

Courtes aigrettes

Œil jaune

Tête ronde

e blanche

Rayures noires

oitrine claire et tachetée

Chouette-effraie

Longueur : 36 cm
Habitat : Terres agricoles, parcs, terrains découverts
Nourriture : Principalement des rats, des souris et des campagnols, mais aussi de petits oiseaux et des insectes
Nid : Dans les vieux immeubles et les arbres creux
Œufs : Entre trois et onze

Hibou des marais

Longueur : 39 cm
Habitat : Marais, régions herbeuses, dunes de sable, campagne
Nourriture : Petits mammifères, oiseaux et insectes
Nid : Sur le sol
Œufs : Entre quatre et sept

Les oiseaux aquatiques

De nombreuses espèces d'oiseaux vivent près de points d'eau. Certains de ces oiseaux se déplacent entre les plantes aquatiques. D'autres plongent sous l'eau pour trouver de quoi manger. Certains ont de longues pattes pour marcher dans l'eau, et d'autres ont un long cou pour atteindre les plantes qui sont sous l'eau et les poissons.

Suis-je plutôt gros et presque tout noir? Est-ce que j'ai une tache blanche sur le devant de la tête?

Tache blanche

Observons les oiseaux aquatiques

- Les hérons restent en eau peu profonde, à la recherche de nourriture. Ils font leur nid en groupes, tout en haut des arbres, et cet endroit s'appelle une héronnière.

- Les foulques vivent aux abords des lacs et des rivières, en ville et à la campagne. Ils ont d'étranges pattes arrondies qui les aident à nager et à plonger.

- Pour se nourrir, les cingles plongeurs explorent l'eau des ruisseaux et des rivières peu profondes, à la recherche d'insectes et d'autres petits animaux aquatiques.

Patte arrondie

Foulque

Longueur : 40 cm
Habitat : Lacs, rivières et réservoirs
Nourriture : Principalement des plant[es] aquatiques, mais aussi des insectes, d[es] escargots d'eau douce, des têtards e[t] des œufs de poisson
Nid : Construit dans des roseaux ou des joncs, sur l'eau
Œufs : Entre quatre et huit

Suis-je petit et brun foncé avec la gorge et la poitrine blanches? Est-ce que je vis aux abords d'une rivière ou d'un ruisseau au courant rapide?

Bec pointu

Suis-je gros et presque tout gris? Est-ce que j'ai un très long cou, de longues pattes et un grand bec pointu?

Gorge blanche

Queue courte

Long cou

Cingle plongeur

Longueur : 18 cm
Habitat : Ruisseaux, rivières au courant rapide
Nourriture : Insectes et autres petits animaux aquatiques
Nid : Nid en forme de dôme construit près de l'eau
Œufs : Entre quatre et six

Héron gris

Longueur : 100 cm
Habitat : Rivières, lacs, marais et estuaires
Nourriture : Poissons, grenouilles, campagnols et insectes
Nid : Dans une héronnière, dans de grands arbres, parfois loin de l'eau
Œufs : Entre trois et cinq

Bébé foulque

Le savais-tu?

Les bébés foulques ont un plumage noir et duveteux, et leur petite tête est rouge vif. Aussitôt sortis de l'œuf, ils savent nager.

Longues pattes

55

Les canards, les oies et les cygnes

Les canards, les oies et les cygnes sont des oiseaux de grande taille qui vivent sur l'eau ou aux abords des plans d'eau. La plupart d'entre eux s'installent près de lacs, d'étangs et de rivières, mais certains vivent près de la mer.

Suis-je très grosse Est-ce que j'ai un tête noire, un long c noir et une bande blanche sur le côté de la tête?

Bande blanche

Tête noire

Dos brun

Observons les canards, les oies et les cygnes

- Le colvert est l'espèce de canards la plus commune en ville et à la campagne.
- Les bernaches du Canada vivent souvent en grands groupes bruyants. Leurs petits, appelés oisons, sont de couleur brune ou jaune-vert.
- Les cygnes ont de grandes ailes qui font un bruissement lorsqu'ils volent.

Bernache du Canada

Longueur : Entre 90 et 110 cm
Habitat : Lacs, rivières, marais et terres agricoles
Nourriture : Herbes et plantes aquatiques
Nid : Fait avec des herbes
Œufs : Entre cinq et sept

Est-ce que ma queue est noire et ma tête, d'un vert éclatant?

Tête verte

Plume de queue recourbée

Suis-je brune avec un bec jaune?

FEMELLE

MÂLE

Colvert

Longueur : 62 cm
Habitat : Tout plan d'eau douce ou salée
Nourriture : Graines, plantes et petits animaux
Nid : Sur le sol, dans des endroits abrités, ou dans des arbres creux
Œufs : Entre neuf et douze

Bec jaune

Suis-je très grand avec un plumage blanc? Est-ce que j'ai un long cou et un bec orange?

Bec orange

Long cou recourbé

Cygne tuberculé

Longueur : 160 cm
Habitat : Tout point d'eau douce ou salée, y compris les lacs, les rivières, les marais, les baies et les estuaires
Nourriture : Plantes et herbes aquatiques
Nid : Sur les berges, dans les marais ou parmi les roseaux
Œufs : Entre deux et neuf

Le savais-tu?

Les cygnes tuberculés peuvent vivre plus de 20 ans.

Les oiseaux de mer

La mer n'est pas un endroit de tout repos pour un oiseau. Les tempêtes, les grosses vagues et les vents violents peuvent être très dangereux. Certains oiseaux de mer passent tout leur temps au large et ne viennent sur la terre ferme que pour pondre leurs œufs.

Suis-je plutôt gros et presque tout blanc, avec la tête brun foncé et le bec et les pattes rouge foncé?

Tête brun foncé

Pattes rouge foncé

Bec rouge

Observons les oiseaux de mer

𝚿 Le goéland à tête noire est l'une des nombreuses espèces de goélands. En hiver, les goélands à tête noire migrent à l'intérieur des terres, et leur tête devient presque toute blanche.

𝚿 Sur le rivage, on aperçoit souvent des huîtriers qui se nourrissent de mollusques, de petits crabes et de minuscules créatures qui vivent dans la boue ou le sable.

𝚿 Les macareux moines nichent en colonies. Ils se creusent un terrier ou occupent des terriers de lapin abandonnés.

Goéland à tête noire

Longueur : 38 cm

Habitat : Près de la mer, des rivières et des lacs, sur les terres agricoles et dans les parcs des villes

Nourriture : Petits animaux marins et terrestres, graines et déchets.

Nid : Surtout dans les hautes herbes

Œufs : Deux ou trois

?

Suis–je surtout noir et blanc avec des pattes orangées? Est-ce que j'ai un gros bec rouge, jaune et bleu?

Gros bec triangulaire

Face blanche

?

Suis–je assez gros et surtout noir et blanc? Est-ce que j'ai des pattes roses et un long bec orange?

Macareux moine

Longueur : 31 cm

Habitat : Près de la mer et sur les falaises

Nourriture : Poissons et petits animaux marins

Nid : Les terriers sont regroupés en colonies sur les falaises, au bord de la mer.

Œufs : Un

Patte et pied orangés

Long bec orange

Huîtrier

Longueur : 45 cm

Habitat : Surtout sur les rivages boueux ou sablonneux

Nourriture : Petits animaux qui vivent dans le sable, la boue et la terre

Nid : Dans l'herbe ou dans un trou dans le sable

Œufs : Entre deux et quatre

Patte rose

À toi de jouer!

Si tu aperçois les empreintes d'un oiseau au bord de la mer, prends-les en photo. Tu pourras ensuite consulter un guide pour savoir à quel oiseau elles appartiennent.

Les oiseaux des forêts

De nombreux oiseaux vivent dans les forêts. Au fil du temps, ils se sont adaptés, c'est-à-dire qu'ils se sont transformés pour pouvoir vivre dans ce genre d'habitat. Ainsi, les oiseaux qui grimpent au tronc des arbres ont de petites griffes pour mieux s'agripper. Les oiseaux qui vivent au sol ont un plumage terne et se confondent avec les herbes et les feuilles.

Observons les oiseaux des forêts

- Les bécasses se servent de leur bec pour chercher leur nourriture. Elles l'enfoncent da[ns] le sol mou pour attraper des insectes et d'autres bestioles.

- Le bec-croisé mange diverses graines, mais principalement celles des cônes.

- Les grimpereaux ont de grosse[s] griffes et une longue queue. Av[ec] leur bec légèrement recourbé, [ils] vont chercher les insectes et les larves qui se cachent dans l'écorce des arbres.

> Suis-je de couleur brun-rouge avec des rayures foncées à l'arrière de la tête?

Bécasse

Longueur : 36 cm

Habitat : Terrains boisés et clairières humides

Nourriture : Vers, insectes, araignées et centipèdes

Nid : Trou creusé dans le sol et recouvert de feuilles, sous les ronces ou les fougères

Œufs : Quatre

Rayures foncées

Long bec

Plumes brun-rouge

Patte courte

60

Prends un sac en filet (un sac pour les oignons, par exemple), remplis-le d'herbes séchées et suspends-le dans un arbre. Plante de petites branches dans le sac pour faire des perchoirs. Quels sont les oiseaux qui viennent chercher les herbes de ton sac pour faire leur nid?

Suis-je petit et brun avec une longue queue? Est-ce que je grimpe le long des troncs d'arbres?

Long bec recourbé

Grimpereau

Longueur : 13 cm

Habitat : Forêts, parcs et cours

Nourriture : Insectes et petites bestioles

Nid : Sous l'écorce des arbres, dans le lierre ou dans des trous dans les troncs d'arbres

Œufs : Cinq ou six

Plumes tachetées

Grosses griffes

Suis-je souvent perché au sommet des conifères? Suis-je surtout rouge? Est-ce que le dessus et le dessous de mon bec s'entrecroisent?

Suis-je petit et de couleur verte? Est-ce que le dessus et le dessous de mon bec s'entrecroisent?

ec oisé

Bec-croisé

Longueur : 17 cm

Habitat : Les conifères, surtout dans les forêts, mais aussi dans les parcs et les cours

Nourriture : Les graines des cônes, mais aussi les baies, les graines de chardon et les insectes

Nid : Nid en forme de panier au sommet des conifères

Œufs : Trois ou quatre

MÂLE

FEMELLE

Plumes vertes

61

Les oiseaux en danger

De nombreuses espèces d'oiseaux risquent de disparaître complètement. On dit qu'ils sont en voie d'**extinction**. Dans la plupart des cas, ces oiseaux sont en danger en raison de l'activité humaine.

Destruction de l'habitat

Partout dans le monde, les humains détruisent les **habitats** des oiseaux. On rase les forêts pour avoir plus de terres agricoles et pour construire des routes, des maisons et des usines. Une fois ces habitats détruits, les oiseaux doivent aller vivre et se reproduire ailleurs.

↑ Lorsqu'on rase des forêts, les oiseaux qui y vivent et s'y reproduisent doivent s'installer ailleurs.

➡ Dans l'avenir, certains oiseaux ne pourront plus vivre dans leur habitat actuel à cause de la **pollution**.

À toi de jouer!

Tu peux aider les oiseaux sauvages en créant, près de ta maison et de ton école, des lieux où ils pourront se nourrir et se reproduire en toute sécurité. Ne jette pas de déchets par terre et ne touche jamais le nid ou les œufs d'un oiseau.

Le savais-tu?

Plus de 1 000 espèces d'oiseaux sont en voie d'extinction.

La chasse et les collections

Dans certaines régions du monde, on tue des oiseaux pour leur viande, pour la beauté de leurs plumes ou simplement pour le plaisir. On capture des oiseaux sauvages pour en faire des animaux de compagnie, ou on ramasse des œufs d'oiseaux pour les collectionner.

← Ces perroquets ont été capturés pour leurs plumes ou pour servir d'animaux de compagnie.

La pollution

De nombreux oiseaux sont tués par les produits chimiques employés sur les terres agricoles pour éliminer les insectes nuisibles ou pour faire pousser les plantes plus vite. Dans les océans, le pétrole qui s'échappe des navires tue chaque année des milliers d'oiseaux. De plus, les déchets peuvent être dangereux pour les oiseaux. Certains s'étouffent avec des morceaux de plastique provenant de divers types d'emballages.

➡ Ce pingouin couvert de pétrole a été secouru. Si on arrive à nettoyer ses plumes, il survivra peut-être.

Les petits mammifères

Qu'est-ce qu'un mammifère?

Les mammifères sont les seuls animaux qui ont des poils ou de la fourrure. Ils allaitent leurs petits. Les mammifères vivent dans presque toutes les régions du monde, des tropiques jusqu'aux océans glacés. L'endroit où vit un mammifère est appelé son **habitat**.

← La fourrure épaisse et laineuse de l'ours polaire le protège du vent glacial de l'Arctique.

↓ La baleine bleue fait la longueur de trois autobus et demi!

De toutes les formes et de toutes les grosseurs

Les mammifères sont très différents les uns des autres. Certains sont minuscules, et d'autres, gigantesques, mais ils respirent tous avec des poumons et ont tous un squelette et une colonne vertébrale.

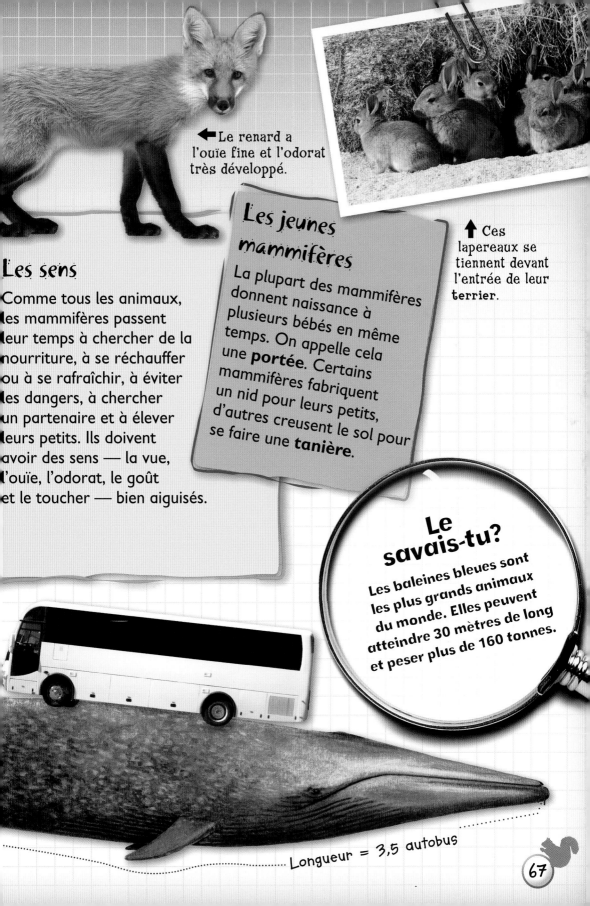

← Le renard a l'ouïe fine et l'odorat très développé.

↑ Ces lapereaux se tiennent devant l'entrée de leur terrier.

Les jeunes mammifères

La plupart des mammifères donnent naissance à plusieurs bébés en même temps. On appelle cela une **portée**. Certains mammifères fabriquent un nid pour leurs petits, d'autres creusent le sol pour se faire une **tanière**.

Les sens

Comme tous les animaux, les mammifères passent leur temps à chercher de la nourriture, à se réchauffer ou à se rafraîchir, à éviter les dangers, à chercher un partenaire et à élever leurs petits. Ils doivent avoir des sens — la vue, l'ouïe, l'odorat, le goût et le toucher — bien aiguisés.

Le savais-tu?

Les baleines bleues sont les plus grands animaux du monde. Elles peuvent atteindre 30 mètres de long et peser plus de 160 tonnes.

Longueur = 3,5 autobus

Pars à la découverte des mammifères

De nombreux mammifères sont **nocturnes**, c'est-à-dire qu'ils sont éveillés pendant la nuit. Les mammifères nocturnes ont peur des humains. Pour les apercevoir, tu devras d'abord trouver des indices pour deviner où ils vivent.

➡ Ces traces dans la boue nous disent qu'un renard est passé par ici.

Assois-toi en silence

Une autre bonne façon d'observer les mammifères est tout simplement de s'asseoir et d'attendre sans faire de bruit. Choisis un endroit où tu penses pouvoir apercevoir des mammifères. Tu peux également observer leurs empreintes dans la boue, le sol mou ou la neige, ou même repérer leurs excréments.

Apprends à connaître leurs habitudes

Pour observer un mammifère, tu dois connaître ses habitudes. Par exemple, tu dois savoir s'il dort le jour ou la nuit, où il vit et ce qu'il mange. Si tu en aperçois un, avance lentement et arrête-toi souvent pour vérifier s'il a détecté ta présence. Ne t'approche pas trop!

L'observation des empreintes

Certains mammifères ne sont actifs que la nuit et sont donc très difficiles à observer. Tu peux toujours tenter de repérer leurs empreintes. Tu peux même en faire des moules en plâtre. Tu apprendras comment faire à la page 73.

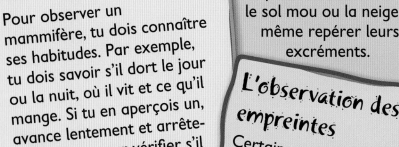

Largeur : 37 mm

Tiens un journal de tes observations

Voici les principaux outils dont tu auras besoin pour observer les mammifères :
- Des jumelles, pour observer les animaux de loin
- Un stylo
- Un calepin pour prendre des notes

➔ Si tu aperçois un mammifère que tu n'arrives pas à reconnaître, dessine-le dans ton calepin.

Date	Heure et lieu	Mammifères	Conditions météo	Que faisait le mammifère?	Le mammifère était-il seul?
2 mars	9 h 10, dans un champ de maïs	Lièvre	Frais et venteux	Il jouait et gambadait	Avec un autre lièvre
3 octobre	8 h 20 au parc	Écureuil gris	Chaud et ensoleillé	Il ramassait des glands et les enterrait	Oui

ATTENTION!

Ne sors pas tout seul la nuit pour observer des mammifères.

Le savais-tu?

Il existe plus de 5 000 espèces de mammifères dans le monde, mais ceux-ci ne représentent que 0,3 % du règne animal. La plupart des animaux sont des insectes.

◀ Ces excréments frais sont la preuve qu'un cerf est passé il y a peu de temps.

Le renard roux

Les renards vivent à toutes sortes d'endroits, à la ville comme à la campagne. Ils ont l'ouïe très fine et l'odorat très développé. Ils peuvent percevoir les mouvements, mais ne distinguent pas très bien les objets immobiles.

> Est-ce que je ressemble un peu à un chien? Suis-je de couleur brun-roux? Est-ce que j'ai une queue touffue au bout blanc?

Fourrure brun-roux

Largeur : 60 mm

Observons les renards

🐾 Souvent, on sait qu'il y a un renard dans les parages parce qu'il laisse une odeur de moisi, d'aliments pas frais.

🐾 Si tu trouves un trou d'environ 25 cm de hauteur et 20 cm de largeur et que tu aperçois des os et des plumes près de l'entrée, il s'agit peut-être de la tanière d'un renard.

🐾 Les empreintes du renard ressemblent à celles d'un chien de taille moyenne.

⬇ Les renardeaux sortent de la tanière pour la première fois à l'âge de quatre semaines environ.

La vie de famille

Même si on voit rarement plusieurs renards en même temps, les renards vivent en famille. La famille est habituellement constituée du renard (le mâle), de la renarde (la femelle) et des renardeaux (les bébés). Les renards vivent et élèvent leurs petits dans une tanière. La tanière peut être aménagée dans une caverne ou sous les racines d'un arbre. Parfois, la renarde creuse sa propre tanière; sinon, elle utilise une tanière abandonnée par un autre animal. Dans les villes, les renards peuvent même faire leur tanière sous un tas de déchets.

⬅ Les renards enseignent à leurs petits comment traquer leurs proies et survivre dans le monde qui les entoure.

Bout blanc

Renard roux

Longueur de la tête et du corps : 66 cm
Longueur de la queue : 38 cm
Habitat : Bois, parcs, terres agricoles, villages et villes
Activités : Le jour et la nuit
Nourriture : Petits animaux, oiseaux, insectes, fruits et aliments jetés à la poubelle (dans les villes)
Petits : De quatre à cinq renardeaux par portée, une fois par an

Le savais-tu?

La nuit, tu peux entendre les renards japper pour communiquer entre eux ou pour trouver une compagne.

Les chats

On peut voir des chats presque n'importe où. La plupart sont des animaux de compagnie, mais certains vivent dans la nature.

Suis-je le plus souvent roux ou noir et blanc? Est-ce que j'ai de grands yeux sur le devant de la face et est-ce que le bout de ma queue est pointu?

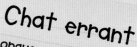
Grand œil

Largeur : 30 cm

Chat errant

Longueur de la tête et du corps : Environ 50 cm
Longueur de la queue : Environ 30 cm
Habitat : À la campagne, dans les villages et dans les villes
Activités : Le jour et la nuit
Nourriture : Petits mammifères et oiseaux à la campagne. Restes de nourriture jetés à la poubelle dans les villages et les villes.
Petits : Environ trois chatons par portée — de trois à quatre fois par an

Observons les chats errants

- Un chat **errant** est un chat domestique redevenu sauvage. Il peut s'agir d'un chat domestique abandonné ou qui s'est perdu.
- Les chats errants vivent parfois en groupes, avec d'autres chats.

Les empreintes d'animaux de compagnie

Tu peux faire des moulages des empreintes d'animaux sauvages, mais aussi de celles de ton chat. Remplis une boîte peu profonde de terre ou de sable et égalise la surface. Place la boîte à l'extérieur et incite ton chat à marcher dedans. Une fois qu'il a laissé une empreinte bien claire, fais-en un moule en plâtre.

Comment mouler des empreintes d'animaux

Ce dont tu auras besoin :

- Du plâtre de Paris en poudre
- Des bandes de carton mince d'environ 30 cm de longueur et 5 cm de largeur
- Des trombones
- Un contenant pour mélanger
- Une petite bouteille d'eau
- Une truelle
- Une vieille cuiller
- De la peinture et des pinceaux

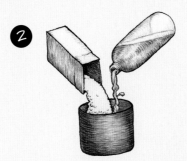

2

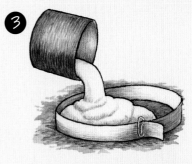

3

[Un]e fois que tu as réussi [à] trouver une empreinte [ne]tte, entoure-la avec la [ba]nde de carton. Enfonce [lé]gèrement la bande dans [la] terre ou le sable, et [m]aintiens les deux bouts en [pl]ace avec un trombone.

Verse un peu d'eau dans le contenant, puis ajoute lentement le plâtre de Paris en poudre, à l'aide de la cuiller. Brasse le mélange jusqu'à ce qu'il ait la texture d'une crème épaisse.

Verse lentement le mélange à l'intérieur de la bande de carton jusqu'à ce qu'il atteigne une hauteur d'environ 5 cm. Tapote doucement les côtés pour enlever les bulles d'air. Ajoute plus de plâtre au besoin.

4 Laisse le plâtre durcir pendant 30 à 60 minutes. Lorsqu'il est sec, soulève-le doucement avec la truelle. Nettoie l'empreinte et peinture-la.

Les mammifères aquatiques

Les visons vivent surtout près des rivières et des lacs. Les loutres vivent au bord des lacs, des rivières et des ruisseaux, et sur certains rivages. Ces deux mammifères vivent la nuit et sont d'excellents nageurs. Leur corps **fuselé** leur permet de se déplacer rapidement dans l'eau.

Suis-je de couleur foncée? Est-ce que j'ai un nez pointu?

Nez pointu

Fourrure brun chocolat

Largeur : 25 mm

Observons les visons

- De nombreux visons vivent en Amérique du Nord. À la fin des années 1920, des visons ont été introduits en Europe où ils ont été élevés pour leur fourrure. Certains d'entre eux se sont échappés et ont commencé à se reproduire à l'état sauvage.
- Les visons mangent des poissons, des oiseaux et de petits mammifères. Ils peuvent même se faufiler dans les piscicultures à la recherche de nourriture.

Vison

Longueur de la tête et du corps : 40 cm
Longueur de la queue : 12 cm
Habitat : Lacs et rivières
Activités : La nuit
Nourriture : Poissons, oiseaux aquatiques et petits mammifères
Petits : Cinq ou six petits par portée, une fois par an

Est-ce que j'ai une tête large et plate? Suis-je brune avec la gorge blanche? Lorsque je nage, est-ce que tu vois seulement ma tête sortir de l'eau?

Le savais-tu?

La loutre géante d'Amérique du Sud peut atteindre 1,5 m de long, et sa queue peut mesurer jusqu'à 70 cm.

Observons les loutres

- Les loutres ont de petites oreilles, un corps allongé et une queue puissante. Leurs pattes sont courtes, solides et palmées.
- Les loutres sont très enjouées. Elles se poursuivent entre elles et jouent à se chamailler.
- Les loutres construisent leur tanière, appelée catiche, près d'un point d'eau. Elles la garnissent de roseaux, d'herbes et de mousse.

Loutre

Longueur de la tête et du corps : de 65 à 90 cm
Longueur de la queue : 40 cm
Habitat : Près des lacs, des rivières, des ruisseaux et des marais et sur certains rivages
Activités : La nuit
Nourriture : Surtout du poisson, mais aussi des grenouilles, des crapauds et des tritons, des oiseaux, des insectes et de petits mammifères
Petits : Deux ou trois par portée, une fois par an

Queue épaisse et fuselée

Largeur : 55 mm

Pattes palmées

75

Les belettes et les hermines

Les belettes et les hermines peuvent tuer et manger des animaux plus gros qu'elles. Elles ont un corps fin et allongé et des pattes courtes. On peut souvent les apercevoir pendant la journée.

Belette

Longueur de la tête et du corps : 20 cm

Longueur de la queue : 5 cm

Habitat : Forêts, montagnes, dunes de sable et prairies

Activités : Le jour et la nuit

Nourriture : Souris et campagnols, lapins, rats, oiseaux et insectes

Petits : Cinq ou six par portée, une ou deux fois par an

Observons les belettes

- Les belettes sont de grandes chasseuses. Elles mangent des centaines de souris par année.
- Le territoire de chasse d'une belette représente environ 3,5 à 7 terrains de soccer.
- Tout comme les hermines, les belettes se tiennent souvent sur leurs pattes arrière pour observer autour d'elles.
- Dans les régions froides, le pelage des belettes blanchit en hiver.

Mon corps est-il fin et allongé? Est-ce que j'ai une fourrure brune et du blanc sur le ventre? Ma queue est-elle courte et brune?

Largeur : 12 mm

Tache brune sous la gorge

Queue courte et brune

Même lorsque l'hermine devient complètement blanche, le bout de sa queue reste noir.

➡ En hiver, l'hermine se camoufle dans la neige grâce à son pelage blanc.

Est-ce que j'ai un corps mince et allongé et une tête brune et noire? Mon ventre est-il blanc, et le bout de ma queue, noir?

Ventre blanc-crème

Observons les hermines

🐾 Le territoire de chasse de l'hermine représente habituellement 18 terrains de soccer.

🐾 Les hermines sont extrêmement rapides. Elles peuvent atteindre une vitesse de 32 km/h.

🐾 Dans les régions froides, les hermines blanchissent en hiver.

Hermine

Longueur de la tête et du corps : 25 cm

Longueur de la queue : 7,5 cm

Habitat : Forêts, montagnes, dunes de sable et prairies

Activités : Le jour et la nuit

Aliments : Petits mammifères et gros insectes

Petits : Six ou plus par portée, une fois par an

Largeur : 22 mm

Les lapins et les lièvres

Les lapins et les lièvres ont de longues oreilles, de longues pattes arrière et deux dents supplémentaires à l'avant de la mâchoire du haut. Ils se nourrissent de plantes et misent sur leur vitesse pour échapper à leurs ennemis.

Largeur : 30 mm

Est-ce que je cours très vite grâce à mes longues pattes arrière? Le bout de mes oreilles est-il noir?

Bout
l'ore
noi

Grands yeux inquiets

Observons les lièvres

- Lorsqu'il est effrayé, le lièvre peut prendre la fuite à une vitesse d'environ 56 km/h.
- Les lièvres ne creusent pas de terrier. Leurs petits, appelés levrauts, naissent dans des nids à ciel ouvert.

Lièvre brun

Longueur de la tête et du corps : Entre 44 et 76 cm

Longueur de la queue : 11 cm

Habitat : Terrains dégagés, terres agricoles, forêts et régions montagneuses

Activités : À la brunante et la nuit

Nourriture : Plantes, fruits, écorce et brindilles

Petits : De deux à trois levrauts par portée, trois fois par an

À toi de jouer!

Essaie de trouver des crottes de lapin. Elles ressemblent à de petites boules sèches. Les lapins mangent leurs propres excréments afin de profiter de toute la valeur nutritive de ce qu'ils mangent.

Suis-je gris ou brun? Est-ce que j'ai une courte queue, blanche en dessous?

Observons les lapins

- Les lapins vivent en groupes dans un réseau de terriers appelé garenne.
- Les lapins se reproduisent très rapidement. En un an, une lapine peut donner naissance à plus d'une vingtaine de lapereaux.
- Les lapins sont rarement à plus de 140 mètres de leur terrier. Ils mangent toutes les plantes qui entourent leur terrier, ce qui leur permet de bien voir autour d'eux et de s'enfuir si un prédateur s'approche.
- Les lapins ont l'ouïe fine et l'odorat très développé.

Lapin

Longueur de la tête et du corps : 48 cm
Longueur de la queue : 7 cm
Habitat : Dans les champs ou les prairies d'herbes courtes
Activités : À l'aube, à la brunante et la nuit
Nourriture : Le lapin mange une grande variété de plantes, y compris les plantes dans les champs et les jardins
Petits : Jusqu'à sept petits par portée, de trois à cinq fois par an

Queue courte

Nuque orangée

Largeur : 22 mm

Les écureuils

Les écureuils comptent parmi les mammifères sauvages les plus communs à la ville comme à la campagne. On les reconnaît facilement à leur queue touffue.

Suis-je gris ou brun clair? Est-ce que j'ai une queue touffue?

Largeur : 25 mm

Griffes pointues

Queue touffue

Observons les écureuils gris

🐾 Les écureuils gris sont originaires de l'est de l'Amérique du Nord. Ils ont été introduits en Europe au 19e siècle.

🐾 Les écureuils gris ont peu d'ennemis naturels en Europe. Ils se sont répandus presque partout. On peut notamment en voir dans les parcs et les cours.

Écureuil gris

Longueur de la tête et du corps : 30 cm
Longueur de la queue : 23 cm
Habitat : Arbres, haies, parcs et cours dans les villages et les villes
Activités : Le jour
Nourriture : Principalement des noix et des graines, mais aussi des insectes et des œufs d'oiseaux
Petits : Jusqu'à sept petits par portée, deux fois par an

Observons les écureuils roux

- Avant l'arrivée des écureuils gris, il n'y avait que des écureuils roux en Europe.
- Les écureuils roux ont un pelage roux ou acajou et leur queue est beaucoup plus touffue que celle des écureuils gris.
- Les écureuils roux vivent le plus souvent dans les forêts de pins, d'épinettes ou de mélèzes.

Suis-je de couleur brune ou acajou avec le ventre blanc? Ma queue est-elle rousse et touffue? Est-ce que j'ai des touffes de poils sur les oreilles?

Largeur : 25 mm

Touffes de poils

À toi de jouer!

Essaie de trouver des cônes de pin grignotés par des écureuils. Habituellement, il ne reste que le centre du cône. Pour manger des noisettes, les écureuils les cassent en deux. Les écureuils gris se servent souvent d'une souche d'arbre comme d'une table pour manger.

Écureuil roux

Longueur de la tête et du corps : 20 cm
Longueur de la queue : 18 cm
Habitat : Forêts
Activités : Le jour
Nourriture : Surtout des cônes de conifères, des fruits et des noix
Petits : Entre un et sept petits par portée, deux fois par an

Queue touffue

Cônes grignotés

Les rats bruns et les souris communes

On trouve des souris et des rats presque partout dans le monde. Le rat brun, ou rat commun, et la souris commune sont considérés comme des animaux nuisibles.

Fourrure gris-brun

Que
épaiss
couve
d'écai

Observons les rats bruns

- Les rats vivent souvent dans les fermes, dans les dépotoirs ou sur les rives boueuses où la marée leur apporte de la nourriture.
- De nombreux rats vivent dans les égouts. Ils peuvent y attraper des maladies, qu'ils risquent de propager.
- La rate peut avoir jusqu'à 50 petits par année.

Largeur : 25 m

Rat brun

Longueur de la tête et du corps : jusqu'à 28 cm

Longueur de la queue : 23 cm

Habitat : Bâtiments, égouts, dépotoirs et fermes

Activités : La nuit

Nourriture : Presque n'importe quoi, y compris de la nourriture humaine et de la nourriture pour animaux

Petits : Jusqu'à 11 petits par portée, cinq fois par an

urrure graisseuse

Est-ce que j'ai de grandes oreilles, un nez pointu et une longue queue couverte d'écailles? Ma fourrure est-elle graisseuse et de couleur gris-brun?

argeur : 10 mm

Nez pointu

Souris commune

Longueur de la tête et du corps :
Environ 8 cm
Longueur de la queue : Environ 8 cm
Habitat : Bâtiments en hiver, haies et terres agricoles en été
Activités : La nuit
Nourriture : Herbe, plantes, insectes et nourriture humaine
Petits : Cinq ou six par portée, entre cinq et dix fois par an

ATTENTION!

Ne touche jamais aux rats ni aux souris sauvages ni aux choses qu'ils pourraient avoir touchées.

Observons les souris communes

- Les souris communes ont une fourrure graisseuse et dégagent une forte odeur de moisi, d'aliments pas frais.
- On trouve souvent des souris près des épiceries. Bien souvent, elles gâtent la marchandise avec leur urine et leurs excréments.
- En été, les souris peuvent vivre dans les champs et dans les haies. La plupart d'entre elles passent l'hiver au chaud à l'intérieur des bâtiments.

Le savais-tu?

Même si les rats bruns ne pèsent que 700 grammes, à trois ils peuvent manger autant qu'un humain adulte.

Les souris et les campagnols

Les souris sylvestres et les campagnols vivent dans les champs et les zones boisées. Ils ont de nombreux **prédateurs** et ne peuvent donc assurer leur survie qu'en donnant naissance à de nombreux petits.

Observons les souris et les campagnols

🐾 La souris sylvestre a de grandes pattes arrière, qui lui permettent de bondir comme un petit kangourou.

🐾 Malgré sa petite taille, le campagnol des champs est très agressif. Il émet des cris aigus et stridents pour effrayer les autres campagnols et les chasser de son territoire.

🐾 Les campagnols restent tout près de leur nid. Ils ne s'en éloignent jamais de plus de 50 mètres.

Est-ce que j'ai une fourrure gris-brun, une queue très courte et un nez arrondi?

Nez arrondi

Longues moustaches

Campagnol des champs

Longueur de la tête et du corps : Environ 10 cm

Longueur de la queue : Environ 4 cm

Habitat : Principalement les champs abandonnés et les prairies rocailleuses

Activités : Le jour et la nuit

Nourriture : Surtout de l'herbe

Petits : Entre quatre et six petits par portée, quatre ou cinq fois par an

Largeur : 10 mm

Suis-je petite avec un pelage brun-beige? Est-ce que j'ai de grands yeux et de grandes oreilles?

Grande oreille

Longue queue

Le savais-tu?

Les dents des rongeurs n'arrêtent jamais de pousser. Leurs dents ne deviennent pas trop longues parce qu'ils les usent en mangeant des noix et d'autres aliments durs.

Souris sylvestre

Longueur de la tête et du corps : Entre 8 et 13 cm

Longueur de la queue : Entre 7 et 12 cm

Habitat : Fôrets, dunes, parcs et bâtiments

Activités : La nuit

Nourriture : Surtout des fruits, des noix et des graines, mais aussi certains escargots et des insectes

Petits : Cinq petits par portée, quatre fois par an

Largeur : 12 mm

Est-ce que j'ai une fourrure acajou, de petites oreilles et un nez arrondi?

te oreille

Campagnol des grèves

Longueur de la tête et du corps : Environ 9 cm

Longueur de la queue : Environ 6 cm

Habitat : Forêts et haies

Activités : Le jour et la nuit

Nourriture : Fruits, noix, graines, fleurs et insectes

Petits : Quatre ou cinq petits par portée, cinq fois par an

Fourrure acajou

Largeur : 8 mm

85

Les musaraignes et les taupe

La plupart des petits mammifères passent beaucoup de temps à chercher de la nourriture. Les musaraignes et les taupes comptent parmi les petits mammifères les plus actifs parce qu'elles doivent manger beaucoup.

Est-ce que j'ai un long nez pointu et de petits yeux? Est-ce que j'ai des pattes courtes et une queue mince?

Observons les musaraignes

- La plupart des espèces de musaraignes doivent dévorer chaque jour leur propre poids en insectes et en vers.
- Les musaraignes ne voient pas très bien, mais leur odorat est très développé, ce qui les aide à trouver leur nourriture.
- Les musaraignes possèdent des glandes odorantes spéciales pour se défendre contre les animaux plus gros. Ces glandes dégagent une forte odeur qui fait fuir leurs prédateurs, comme les chats et les belettes.

Petite oreille ronde

Long nez pointu

Musaraigne

Longueur de la tête et du corps : 8 cm
Longueur de la queue : 5 cm
Habitat : Haies, champs, forêts et parcs
Activités : Le jour et la nuit
Nourriture : Vers de terre, coléoptères, araignées et autres petits animaux
Petits : Six ou sept petits par portée, plusieurs fois par an

Largeur : 7 mm

Trouve une prairie où des taupes ont creusé des taupinières. Essaie de trouver la plus grosse taupinière. Quelle distance y a-t-il entre les taupinières?

Est-ce que j'ai un pelage ras et noir, de petits yeux et de grosses pattes avant munies de griffes? Est-ce que je fais des buttes de terre à la surface du sol?

Fourrure noire et soyeuse

Grosses griffes

largeur : 13 mm

Observons les taupes

🐾 Les taupes passent la majeure partie de leur vie sous terre. Elles vivent et se reproduisent dans de longs tunnels à moins d'un mètre de profondeur.

🐾 Certaines espèces de taupes sont complètement aveugles. Cela ne leur pose aucun problème puisque sous la terre, il fait toujours noir.

🐾 Les taupes ont un corps puissant et des pattes avant en forme de petites pelles, qui leur permettent de creuser le sol facilement.

Taupe

Longueur de la tête et du corps : De 7 à 18 cm

Longueur de la queue : 4 cm

Habitat : Sous la terre, dans les champs, sur les terres agricoles, dans les cours et les forêts

Activités : Le jour et la nuit

Nourriture : Vers de terre et larves d'insectes

Petits : Une portée de trois ou quatre petits par année

Les chauves-souris

Les chauves-souris sont les seuls mammifères ailés. Les ailes des chauves-souris s'étendent du bout de leurs pattes avant jusqu'à leurs pattes arrière et à leur queue. On trouve des chauves-souris presque partout dans le monde.

Est-ce que je suis grosse? Mon corps et ma tête sont-ils brun-roux? Est-ce que j'ai de grosses griffes qui dépassent à l'avant de mes ailes?

Grande oreille pointue

Observons les chauves-souris

- Les colonies de pipistrelles communes peuvent compter plus de 1 000 individus.
- Dans les régions chaudes, les petites chauves-souris brunes n'**hibernent** pas en hiver. Celles qui vivent dans les régions froides **migrent** en automne. Elles parcourent des centaines de kilomètres pour passer l'hiver dans des régions plus chaudes.
- De toutes les chauves-souris, c'est la grande chauve-souris frugivore qui a la plus grande envergure.
- La plupart des chauves-souris se nourrissent d'insectes, mais certaines, comme la chauve-souris vampire d'Amérique centrale et du Sud, boivent le sang de gros oiseaux ou de mammifères.

Gros œil

Grande chauve-souris frugivore

Longueur de la tête et du corps : 40 cm
Envergure : 150 cm
Habitat : Forêts tropicales et broussailles en Asie du Sud et du Sud-Est
Activités : La nuit
Nourriture : Fruits
Petits : Un par année

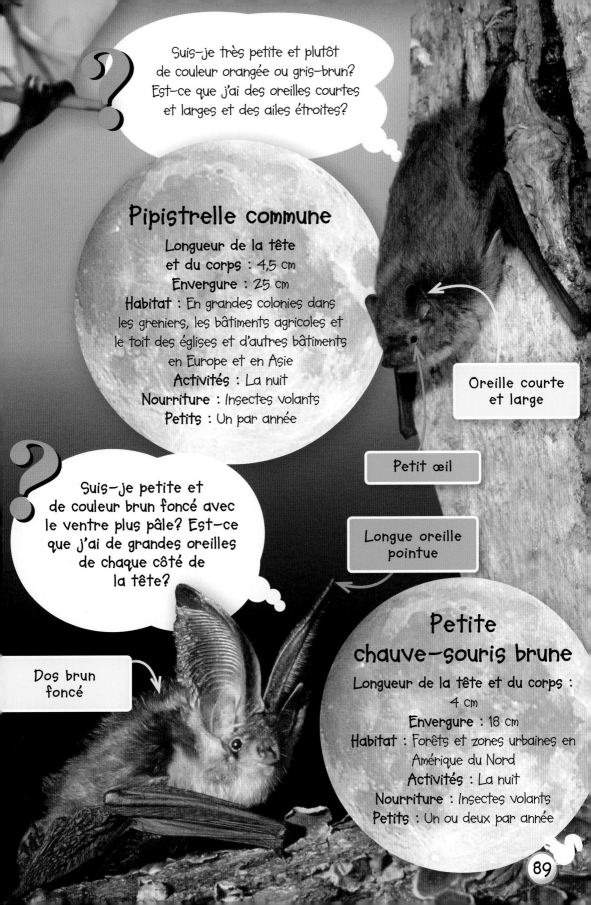

Suis-je très petite et plutôt de couleur orangée ou gris-brun? Est-ce que j'ai des oreilles courtes et larges et des ailes étroites?

Pipistrelle commune

Longueur de la tête et du corps : 4,5 cm

Envergure : 25 cm

Habitat : En grandes colonies dans les greniers, les bâtiments agricoles et le toit des églises et d'autres bâtiments en Europe et en Asie

Activités : La nuit

Nourriture : Insectes volants

Petits : Un par année

Oreille courte et large

Petit œil

Longue oreille pointue

Suis-je petite et de couleur brun foncé avec le ventre plus pâle? Est-ce que j'ai de grandes oreilles de chaque côté de la tête?

Dos brun foncé

Petite chauve-souris brune

Longueur de la tête et du corps : 4 cm

Envergure : 18 cm

Habitat : Forêts et zones urbaines en Amérique du Nord

Activités : La nuit

Nourriture : Insectes volants

Petits : Un ou deux par année

Les mammifères en danger

Environ le quart des espèces de mammifères du monde sont menacées de disparaître complètement. On dit qu'elles sont en voie **d'extinction**. Dans la plupart des cas, ces mammifères risquent de disparaître à cause de l'activité humaine. Les trois principaux dangers qui les guettent sont la chasse, la destruction de leur habitat et les déchets qui peuvent les blesser ou les rendre malades.

⬇ Les écureuils roux ne peuvent vivre que près des pins, des sapins, des épinettes, des hêtres et des chênes, dont ils tirent leur nourriture.

Destruction de l'habitat

S'il y a de moins en moins d'écureuils roux, c'est en partie à cause de la déforestation. Lorsque de grandes forêts sont rasées, les écureuils roux n'ont nulle part où aller.

← Il ne reste plus que quelques centaines de gorilles des montagnes dans le monde. La plupart des forêts où ils vivaient ont été détruites.

La chasse

Dans certaines régions du monde, de nombreux mammifères sont tués pour leur viande, leur fourrure, leurs cornes ou leurs défenses, ou simplement pour le plaisir. Dans certains pays, on chasse des animaux pour utiliser des parties de leur corps comme médicaments.

➡ Cette loutre couverte de pétrole a été secourue. Si on réussit à nettoyer sa fourrure, elle survivra peut-être.

À toi de jouer!

Tu peux aider les mammifères sauvages à survivre en évitant de jeter des déchets qui pourraient les blesser ou détériorer leur habitat. En cherchant de la nourriture, les mammifères peuvent se coincer la tête dans des boîtes de conserve, des cartons de lait ou des gobelets de plastique.

La pollution

De nombreux mammifères sont malades à cause des produits chimiques employés sur les terres agricoles pour éliminer les animaux nuisibles et les mauvaises herbes. En mer, la **pollution**, comme le pétrole qui s'échappe des bateaux, peut tuer des baleines, des dauphins, des marsouins et des loutres. Les déchets peuvent également constituer un danger pour les mammifères et les autres animaux sauvages. Lorsqu'ils cherchent de la nourriture, ils peuvent se couper sur des bouteilles brisées.

Les plantes

Qu'est-ce qu'une fleur?

La plupart des plantes ont des fleurs. Il existe des fleurs de tailles et de formes très variées. Certaines dégagent un agréable parfum, mais quelques-unes sentent très mauvais. Toutes les fleurs ont la même fonction. Elles fabriquent des graines qui deviendront de nouvelles plantes.

Stigmate

Style

ÉTAMINE
(organe mâle)

PIST
(orga
femel

Les parties d'une fleur

La plupart des fleurs ont un organe mâle et un organe femelle. Les **étamines**, qui constituent l'organe mâle, produisent une poussière jaune appelée **pollen**. L'organe femelle est appelé le **pistil**. Celui-ci comprend le **stigmate**, le **style** et l'**ovaire**. L'ovaire fabrique des ovules. Une nouvelle graine est créée lorsqu'un grain de pollen fusionne avec un ovule. On appelle cela la **fécondation**.

Ovaire

⬆ Au centre de ce lys, on voit de grandes étamines et un long pistil.

94

Les plantes à fleurs mâles et femelles séparées

Les plantes n'ont pas toutes des fleurs portant à la fois des organes mâles et femelles. Les fleurs de houx, par exemple, sont soit mâles, soit femelles. Chaque buisson de houx porte des fleurs mâles ou des fleurs femelles, mais jamais les deux. Le noisetier porte des fleurs mâles et femelles séparées, et les deux types de fleurs se retrouvent dans un même arbre.

Fleurs de houx mâles

Fleurs de houx femelles

Les pétales et les sépales

La plupart des fleurs ont des **pétales**. Sous la fleur se trouvent de petits pétales semblables à des feuilles appelés **sépales**.

Le savais-tu?

La fleur mâle du bouleau est appelée chaton. Chaque chaton peut produire plus de cinq millions de grains de pollen, qui sont ensuite dispersés par le vent.

Pétale

Sépale

La vie des plantes

Beaucoup de fleurs sont de couleurs vives. Grâce à ces couleurs, elles attirent les insectes et d'autres animaux, qui jouent un rôle important : ils transportent le pollen d'une fleur à une autre.

⬇ Des grains de pollen se collent au corps de cette abeille pendant qu'elle butine le nectar d'une fleur.

L'importance des insectes

Les ovules d'une plante sont habituellement fécondés par le pollen d'une autre plante de la même espèce. De nombreuses fleurs produisent un liquide sucré, appelé **nectar**. Ce liquide attire les animaux qui transportent le pollen.

Lorsqu'un insecte se pose sur une fleur pour se nourrir, les grains de pollen produits par les étamines restent collés à son corps. S'il se pose sur une autre fleur, une partie du pollen qu'il transporte peut tomber sur le stigmate. C'est ce qu'on appelle la **pollinisation**. Un minuscule tube se forme à partir du grain de pollen et rejoint l'un des ovules, qui va commencer à fabriquer une graine. Ce processus est appelé fécondation.

Pollen

Le savais-tu?

La plupart du temps, les fleurs dégagent un parfum agréable, mais quelques-unes sentent très mauvais. C'est le cas du rafflesia, une plante d'Asie du Sud, qui possède les fleurs les plus grandes et les plus malodorantes du monde.

↓ Les chatons sont les fleurs mâles du noisetier.

Au gré du vent

Les insectes et les autres animaux ne sont pas les seuls à transporter le pollen. Le vent peut également disperser le pollen de certaines fleurs, comme les fleurs de graminées et d'arbres. Ces fleurs sont souvent d'un vert terne et la plupart n'ont pas de pétales. Elles ne produisent pas de nectar et n'ont pas d'odeur parce qu'elles n'ont pas besoin d'attirer les abeilles et les autres insectes.

← Ces graines d'érable ont des « ailes » spéciales grâce auxquelles elles sont portées par le vent.

À la découverte des plantes

Certaines parties des plantes sont minuscules. Tu devras donc t'approcher tout près si tu veux en voir tous les détails. Pour observer une plante, tu peux la cueillir. Tu peux aussi utiliser une loupe. Peu importe la méthode que tu choisis, tes yeux seront ton outil le plus précieux.

➡ Utilise des ciseaux de plastique pour prendre des échantillons de plantes.

La trousse de l'observateur en herbe

Voici ce dont tu auras besoin pour partir à la découverte des plantes :

- Une loupe pour voir tous les détails de la plante
- Des sacs de plastique dans lesquels tu pourras rapporter des plantes à la maison
- De petites enveloppes pour les graines
- Des étiquettes autocollantes
- Des ciseaux de plastique
- Des petits pinceaux et une pince pour recueillir les petits morceaux
- Des pots à fleurs (ou des pots de yogourt vides et propres)
- Une truelle
- De la terre ou du compost
- Un calepin pour noter tes découvertes
- Un stylo ou un crayon
- Des crayons de couleur

⬆ Une loupe te permettra de voir les petits détails de façon beaucoup plus nette.

ATTENTION !

La loi interdit de récolter des graines ou de cueillir des plantes ou des fleurs sauvages sur un terrain sans la permission du propriétaire.

➡ Utilise une pince pour recueillir les petits morceaux d'une plante sans les abîmer.

➡ Lorsque tu vois une fleur, fais-en un croquis dans ton calepin. Tu peux également noter sa couleur.

La prise de notes

Tout bon observateur doit avoir avec lui un calepin, des crayons à mine et des crayons de couleur. Lorsque tu trouves une fleur, tu peux noter certaines informations dans un tableau.

Date	Fleur	Lieu	Où exactement	Est-ce qu'il y avait d'autres fleurs?	Qu'est-ce que cette fleur a de spécial?
3 janvier	Perce-neige	Au parc des Cygnes	Sur la pelouse au soleil	Non	Elle pousse à travers la neige
11 février	Chatons de noisetier	Au bois des Bruyères	Dans la forêt	Chélidoines	Son pollen est dispersé par le vent

Le savais-tu?

On compte plus de 250 000 espèces ou sortes de plantes à fleurs dans le monde.

Les mauvaises herbes

Une mauvaise herbe est une plante qui pousse là où elle n'est pas la bienvenue. Certaines mauvaises herbes poussent si rapidement qu'elles fleurissent et produisent des graines avant même qu'on ait le temps de les remarquer. Les fleurs de certaines mauvaises herbes ont de belles couleurs vives.

Suis-je une grosse fleur rouge? Est-ce que j'ai des étamines noires et une tige poilue?

Étamines noires

Tige poilue

Observons les mauvaises herbes

🌱 Bien des mauvaises herbes ont un cycle de vie très court. La graine produit rapidement des fleurs, qui font de nouvelles graines et ainsi de suite.

🌱 Les mauvaises herbes donnent beaucoup de graines. Parfois, les graines peuvent rester enfouies sous terre pendant des années, jusqu'à ce que les conditions soient réunies pour qu'une nouvelle plante pousse.

🌱 Certaines mauvaises herbes ont plusieurs trucs pour survivre et se multiplier. Par exemple, quand on arrache un plant de pissenlit, il reste parfois un bout de sa longue racine dans le sol. Ce bout de racine produira un nouveau plant.

Coquelicot

Hauteur : De 20 à 60 cm
Taille de la fleur : 10 cm
Fleur : Une seule fleur par tige
Habitat : Terrains vagues, bord des routes, champs de maïs et terres agricoles
Fruits ou graines : Les graines se trouvent à l'intérieur d'un fruit rond et dur
Période de floraison : Au début de l'été

Le savais-tu?

L'épilobe en épi pousse souvent sur des terres dévastées par des feux de forêt. Il porte aussi le nom d' « osier fleuri ».

Long épi

Est-ce que j'ai une longue tige lisse? Est-ce que je porte plusieurs petites fleurs mauves qui poussent en épis au sommet de ma tige?

Fleur jaune vif

Est-ce que ma fleur est d'un jaune vif? Est-ce que ma tige se divise en plusieurs branches?

Bouton d'or

Hauteur : Entre 30 et 100 cm
Taille de la fleur : 3 cm
Fleurs : Une fleur unique au bout de chaque branche sur la tige
Habitat : Prairies, prés, bord des routes
Fruits ou graines : Amas de petites graines sèches munies d'un petit crochet
Période de floraison : Au printemps et en été

Épilobe en épi

Hauteur : Jusqu'à 120 cm
Taille de la fleur : 3 cm
Fleurs : Plusieurs petites fleurs qui poussent en épis et forment un cône au sommet de la tige
Habitat : Terrains vagues ou dénudés
Fruits ou graines : Graines blanches et pelucheuses
Période de floraison : En été et au début de l'automne

Les fleurs composées

Certaines sortes de fleurs, comme les marguerites, sont en fait constituées de centaines de fleurs minuscules. On les appelle les fleurs composées. Ensemble, les petites fleurs forment une grosse fleur, le capitule, qui ressemble à une fleur simple. Les fleurs du centre n'ont pas de pétales, et les fleurs du tour ont un seul long pétale.

Mon capitule est-il petit? Est-ce que j'ai des pétales blancs et un cœur jaune?

Pétale blanc

Cœur jaune

Observons les plantes à fleurs composées

* Certaines fleurs, comme les marguerites, peuvent s'ouvrir et se refermer. Leurs pétales s'ouvrent lentement au lever du soleil, puis se referment le soir pour former une boule.
* La fleur de pissenlit peut contenir jusqu'à 200 fleurs minuscules, qui se referment la nuit ou par mauvais temps.
* Le chardon vulgaire est l'une des plantes les mieux protégées. Chaque feuille se termine par une épine.

Marguerite commune

Hauteur : De 7 à 15 cm
Taille de la fleur : 3 cm
Fleurs : Un capitule au bout de chaque tige
Habitat : Pelouses, terrains de jeu, prés et bord des routes
Fruits ou graines : Petites graines ovales et poilues aplaties à chaque bout
Période de floraison : En été

Capitule
mauve

Mon capitule est-il jaune? Est-ce que chacune de mes petites fleurs porte un pétale?

Suis-je grand? Est-ce que j'ai des épines et un capitule mauve?

Graines
pelucheuses

Capitule
jaune

À toi de jouer!

Ramasse quelques graines de pissenlit — on les appelle des aigrettes. Souffle dessus et observe comment elles se dispersent dans l'air, portées par leur petit parachute.

Tige épineuse

Pissenlit

Hauteur : Entre 5 et 30 cm

Taille de la fleur : 7,5 cm

Fleurs : Un capitule au bout de chaque tige

Habitat : Pelouses, prairies, terrains vagues et bord des routes

Fruits ou graines : Chaque petite graine est munie d'un « parachute » fait de petits poils soyeux et peut être ainsi portée par le vent

Période de floraison : En été et en automne

Chardon vulgaire

Hauteur : Entre 30 et 150 cm

Taille de la fleur : 5 cm

Fleurs : Entre un et trois capitules au bout d'une tige

Habitat : Champs, bord des routes et terrains vagues

Fruits ou graines : Graines jaunes à rayures noires, terminées par un « parachute » de poils blancs

Période de floraison : À la fin de l'été et au début de l'automne

Les réserves de nourriture

Cœur jaune en forme de trompette →

Certaines plantes possèdent des fleurs ou des tiges spéciales qui leur permettent de stocker de la nourriture pour l'hiver. De cette façon, elles ont tout ce qu'il faut pour pousser de nouveau au printemps suivant. Certaines de ces plantes peuvent se reproduire sans même faire de graines.

Ma fleur est-elle composée d'une trompette jaune et de quelques pétales et sépales?

Observons les plantes à bulbe

🌼 La jonquille pousse à partir d'un **bulbe**. Le bulbe produit des feuilles charnues, pleines de nutriments qui permettent à la plante de pousser.

🌼 Le crocus pousse à partir d'un **corme** ou faux bulbe. Il fait ses réserves dans sa tige arrondie.

🌼 La pomme de terre est en fait un bout de tige souterrain qui a enflé. Si on la plante de nouveau dans la terre, elle produira un nouveau plant.

Jonquille

Hauteur : Entre 20 et 40 cm

Taille de la fleur : De 3 à 10 cm

Fleurs : Une fleur au bout de chaque tige plate

Habitat : Dans les parcs et les cours. Le narcisse pousse également à l'état sauvage dans certaines prairies et forê

Fruits ou graines : Lorsqu'il est mûr le fruit se divise en trois parties et laisse s'échapper de petites graines brunes

Période de floraison : À la fir du printemps

Pétales externes tombants

Suis-je petit avec des fleurs en forme d'entonnoir? Mes fleurs sont-elles blanches, mauves, crème ou jaunes?

Tige plate

Mes fleurs sont-elles bleues ou jaunes? Est-ce que j'ai trois pétales externes tombants et une tige plate?

Fleur en forme d'entonnoir

Iris de jardin

Hauteur : Entre 40 et 150 cm
Taille de la fleur : Entre 8 et 12 cm
Fleurs : Deux ou trois fleurs par tige
Habitat : Cours et parcs. L'iris pousse également à l'état sauvage dans les fossés et près des étangs, des marais et des rivières
Fruits ou graines : Graines brunes dans une gousse qui s'ouvre en trois parties
Période de floraison : À la fin du printemps et en été

Crocus

Hauteur : Moins de 10 cm
Taille de la fleur : 4 cm
Fleurs : Une par tige
Habitat : Parcs et cours. Le crocus pousse également à l'état sauvage dans certaines régions
Fruits et graines : Petites graines à l'intérieur d'un fruit à trois côtés
Période de floraison : À la fin de l'hiver et au début du printemps

À toi de jouer!

Les pommes de terre ont plusieurs yeux, ou bourgeons, à partir desquels se développent de nouvelles pousses. Place une pomme de terre au soleil, au bord d'une fenêtre. Au bout de quelques jours, qu'arrive-t-il à ses « yeux »?

Les plantes grimpantes

Les plantes se nourrissent de la lumière du soleil. La plupart des plantes poussent vers le haut afin de profiter le plus possible des rayons du soleil. Les plantes grimpantes qui ont une tige fragile ne peuvent pousser sans aide. Elles ont besoin d'autres plantes pour les soutenir.

Est-ce que j'ai une tige dure comme le bois et des feuilles vertes en forme de cœur?

Feuilles en forme de cœur

Observons les plantes grimpantes

❀ Le lierre possède de minuscules racines qui sortent de la tige. Ces petites racines l'aident à grimper le long des arbres, des clôtures ou des murs.

❀ Le chèvrefeuille pousse en s'enroulant autour de jeunes arbres. Il déforme parfois le tronc de l'arbre et le fait ressembler à un tire-bouchon.

❀ Les ronces ont de longues tiges dures armées d'aiguillons crochus.

Lierre

Hauteur : Peut grimper jusqu'à 30 m le long des arbres
Taille de la fleur : 4 mm
Fleurs : Groupées
Habitat : Sur les arbres, les falaises, les bâtiments, les murs et les clôtures
Fruits ou graines : Fruits noirs
Période de floraison : À la fin de l'automne et au début de l'hiver

Tige dur comme bois

Est-ce que je m'enroule autour d'un arbuste ou d'un arbre? Est-ce que mes fleurs dégagent une forte odeur?

Est-ce que j'ai des fleurs blanches ou roses? Est-ce que je produis des mûres? Est-ce que j'ai des épines pointues et crochues qui me permettent de grimper sur les autres plantes

Mûre

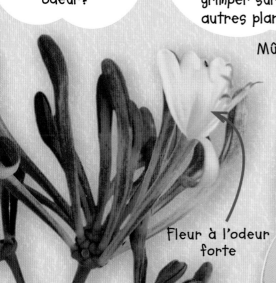

Fleur à l'odeur forte

Mûrier ou ronce

Hauteur : Jusqu'à 3 m
Taille de la fleur : 3 cm
Fleurs : Seules ou groupées
Habitat : Haies, prés et bois
Fruits ou graines : Mûres
Période de floraison : À l'automne

Chèvrefeuille

Hauteur : Jusqu'à 6 m
Taille de la fleur : 5 cm
Fleurs : Fleurs en grappes qui pointent vers le haut
Habitat : Dans les forêts, en haies et dans les cours
Fruits ou graines : Grappes de petits fruits rouges
Période de floraison : À la fin de l'été et au début de l'automne

Le savais-tu?

Le figuier-étrangleur est une plante grimpante. Il s'enroule autour d'un arbre et prend toute son eau et ses nutriments. Ses feuilles empêchent l'arbre d'avoir du soleil et le font mourir.

Épine pointue et crochue

Les plantes aquatiques

Toutes les plantes ont besoin d'eau pour se nourrir et pousser. Les plantes aquatiques poussent dans les étangs, les lacs, les fossés et les marécages. Certaines plantes vivent sous l'eau, tandis que d'autres flottent à la surface.

Est-ce que j'ai de grandes feuilles qui flottent à la surface de l'eau? Est-ce que j'ai de grandes fleurs blanches qui ont de 20 à 25 pétales pointus?

Gros pétales

Observons les plantes aquatiques

❀ Certaines plantes, comme les iris de jardin, poussent dans les eaux peu profondes, au bord des étangs, des rivières et des ruisseaux. Avec leurs racines longues et solides, elles s'accrochent fermement dans la boue.

❀ D'autres plantes, comme les nénuphars et les renoncules aquatiques, poussent en partie sous l'eau. Ces plantes ont souvent des tiges fines et souples qui suivent le mouvement de l'eau.

❀ Les tiges de certaines plantes aquatiques contiennent de l'air, ce qui aide la plante à se maintenir à la surface.

Nénuphar blanc

Hauteur : Pousse dans l'eau à une profondeur d'environ 3 m

Taille de la fleur : Entre 10 et 20 cm

Fleurs : Fleur unique au bout d'une longue tige reliée aux racines

Habitat : En eau calme ou dans les endroits où il y a peu de courant

Fruits ou graines : Fruits ronds et flottants

Période de floraison : En été et au début de l'automne

Est-ce que je pousse en majeure partie sous l'eau? Est-ce que j'ai de petites fleurs blanches avec un cœur jaune?

Cœur jaune

Petit pétale blanc

À toi de jouer!

La menthe est une plante aquatique. Mets une pousse de menthe dans une bouteille remplie d'eau. Place la bouteille au soleil, au bord d'une fenêtre. Au bout de quelques jours, la pousse de menthe commencera à faire des racines.

Renoncule aquatique

Hauteur : Pousse dans l'eau à une profondeur de 2,5 à 120 cm
Taille de la fleur : 13 mm
Fleurs : Seules ou groupées
Habitat : Étangs, ruisseaux, rivières et fossés
Fruits ou graines : Petites graines sèches
Période de floraison : En été

Fleur jaune

Est-ce que je pousse dans l'eau, sans avoir besoin de planter mes racines dans le sol? Est-ce que j'ai des fleurs jaunes qui fleurissent au-dessus de la surface de l'eau?

Utriculaire

Hauteur : Pousse dans l'eau à une profondeur de 15 à 45 cm
Taille de la fleur : 18 mm
Fleurs : Entre deux et dix fleurs au bout d'une longue tige, au-dessus de la surface de l'eau
Habitat : Lacs et étangs profonds
Fruits ou graines : Petits fruits ronds
Période de floraison : En été

ATTENTION!

Lorsque tu vas au bord de l'eau, tu dois toujours être accompagné d'un adulte.

Indispensables graminées

Les graminées sont probablement les plantes les plus importantes du monde. Elles fournissent de la nourriture aux animaux et entrent également dans la fabrication de plusieurs des aliments que nous consommons.

Mes fleurs semblent-elles aplaties? Forment-elles de motifs en zigzag le long de ma tige lisse?

Fleurs aplaties

Motif en zigzag

Observons les graminées

* Les graminées ont des fleurs, mais celles-ci sont souvent de couleur terne et verdâtre. Les fleurs de graminées n'ont ni pétales ni couleurs vives parce que c'est le vent qui fait la pollinisation.
* Le blé, l'avoine, l'orge, le riz et le maïs sont des graminées qui sont à la base de plusieurs aliments, comme le pain et les céréales que nous mangeons au petit déjeuner.
* Les graminées servent aussi de nourriture à de nombreux animaux sauvages. Dans certains pays, comme au Royaume-Uni, le toit des maisons est parfois fait de paille ou de roseaux.

Ivraie vivace

Hauteur : Entre 10 et 90 cm
Taille de la fleur : 5 mm
Fleurs : Entre 4 et 14 fleurs disposées en zigzag le long de la tige
Habitat : Prairies, fermes et terrains vagues
Fruits ou graines : Petites graines sèches
Période de floraison : À la fin du printemps ou au début de l'été

Est-ce que je pousse près de l'eau? Mon capitule est-il doux et de couleur brune?

Fleur brune

Fleurs groupées

Est-ce que je pousse en touffes avec d'autres graminées? Mon capitule est-il formé de plusieurs petites fleurs?

Avoine

Hauteur : Entre 50 et 150 cm
Taille de la fleur : 6 mm
Fleurs : En bouquets peu serrés
Habitat : Prairies rocailleuses, prés, bords des routes, haies; constituent des mauvaises herbes dans les champs de maïs
Fruits ou graines : Petites graines sèches
Période de floraison : En été

Glycérie

Hauteur : 3 m
Taille de la fleur : 6 mm
Fleurs : En grands groupes
Habitat : Pousse en touffes épaisses au bord des étangs, des lacs, des rivières et des marais
Fruits ou graines : Petites graines sèches
Période de floraison : En été et en automne

Les arbres

Un arbre est en fait une grosse plante rigide. Les arbres peuvent devenir très gros et avoir de très longues branches. Leurs racines sont aussi très profondes. Le tronc de l'arbre grossit d'année en année, à mesure que de nouvelles couches de bois se forment juste sous l'écorce.

Chêne

Hauteur : Jusqu'à 35 m
Types de fleurs : Fleurs mâles et femelles séparées, de couleur jaune-vert. Les fleurs mâles prennent la forme de bouquets de chatons peu serrés.
Habitat : Parcs, grandes cours, forêts et haies
Fruits ou graines : Les fruits, appelés glands, se développent dans de petites coupes
Période de floraison : Au printemps

Observons les arbres

❀ De nombreux arbres perdent leurs feuilles chaque automne — ce sont les arbres **à feuilles caduques**. D'autres arbres conservent leurs feuilles en tout temps; on parle d'arbres **à feuilles persistantes** ou **conifères**.

❀ Il existe environ 100 000 espèces d'arbres dans le monde.

❀ Certains arbres, comme les pruniers et les pommiers, produisent de belles fleurs dont le pollen est dispersé par les insectes. Cependant, la plupart des arbres, comme les chênes, les frênes et les érables, ont des fleurs ternes et vertes dont le pollen est transporté par le vent.

Gland

Suis-je très gros? Mon écorce est-elle craquelée? Mes feuilles ont-elles des bords arrondis? Est-ce que je produis des glands?

Hêtre commun

Hauteur : Jusqu'à 36 m
Types de fleurs : Fleurs mâles et femelles séparées, de couleur vert pâle. Les fleurs femelles sont des fleurs simples, et les fleurs mâles poussent en petits bouquets.
Habitat : Parcs, grandes cours, forêts et haies
Fruits ou graines : Paires de petites noix brunes contenues dans des gousses
Période de floraison : Au printemps

Pin

Hauteur : Jusqu'à 36 m
Types de fleurs : Fleurs mâles et femelles séparées en forme de cônes
Habitat : Parcs, grandes cours et forêts, surtout en régions montagneuses
Fruits ou graines : Les graines forment des cônes, qui sont dispersés par le vent
Période de floraison : Au printemps

Gousse

Cône en train de mûrir

Fleur mâle

Mon écorce est-elle lisse et de couleur brune ou grise? Mes feuilles sont-elles larges et d'un vert brillant? Est-ce que je produis des faines (sorte de noix) dans des gousses?

Est-ce que j'ai des feuilles persistantes en forme de longues aiguilles? Mon écorce est-elle brun-rouge?

Des habitudes étranges

Certaines plantes ont de curieuses habitudes alimentaires. Quelques-unes piègent et mangent de petits animaux, tandis que d'autres volent la nourriture des autres plantes. Il existe même des plantes dont les fleurs se font passer pour autre chose.

Baie blanche

Est-ce que je pousse sur les branches d'un arbre à feuilles caduques? Est-ce que j'ai des feuilles vertes et des baies blanches et collantes?

Gui

Hauteur : Jusqu'à 90 cm
Taille de la fleur : 4 mm
Fleurs : Par groupes de trois à cinq
Habitat : Le gui pousse sur les branches des arbres à feuilles caduques.
Fruits ou graines : Petit fruit blanc et collant
Période de floraison : En automne et en hiver

Observons les plantes aux habitudes étranges

- Pour certaines plantes, le soleil, l'eau et la terre ne suffisent pas; il leur faut de la viande. Les feuilles de la dionée attrape-mouches sont de vrais pièges à insectes.
- Certaines orchidées se font passer pour des mouches, des abeilles ou des guêpes pour attirer les insectes pollinisateurs.
- Le gui enfonce ses racines dans les branches d'un arbre pour lui voler sa nourriture.
- Ces plantes étranges sont rares à l'état sauvage, mais tu peux en voir dans les jardins botaniques.

Le savais-tu?

La plus grande plante carnivore du monde fait partie de la famille des sarracénies. Avec ses fleurs, qui peuvent avoir jusqu'à un mètre de profondeur, elle piège des grenouilles pour les manger.

Feuille verte

Fleur en forme de bourdon

Suis-je petite et très droite? Est-ce qu'un bourdon semble posé sur chacune de mes fleurs?

Orchidée abeille

Hauteur : Entre 15 et 60 cm
Taille de la fleur : Jusqu'à 2 cm
Fleurs : Disposées le long de la tige; les plus grosses fleurs sont au bas de la tige.
Habitat : Dans les terrains vagues, les prairies et les dunes de sable
Fruits ou graines : Petites graines noires ou brunes
Période de floraison : Au milieu de l'été

ord hérissé e piquants

Est-ce que j'ai des feuilles en forme de piège aux bords hérissés de piquants?

Dionée attrape-mouches

Hauteur : Jusqu'à 15 cm – la hampe florale peut atteindre 32 cm
Taille de la fleur : 18 mm
Fleurs : Bouquets de trois ou quatre fleurs blanches
Habitat : Régions marécageuses de la Caroline
Fruits ou graines : Petites graines noires et luisantes
Période de floraison : À la fin du printemps

Tige verticale

Les plantes contre-attaquent

Les feuilles, les fleurs, les graines ou les fruits des plantes sont souvent mangés par les animaux. Certaines plantes ont toutefois des façons bien spéciales de se défendre.

Est-ce que j'ai des feuilles vert foncé à bouts piquants? Est-ce que je produis de petites fleurs blanches et des baies rouges?

Fleur blanche

Baie rouge

Feuille vert foncé

Observons les moyens de défense des plantes

❀ Plusieurs plantes, y compris les cactus, les chardons, le houx et les ronces, ont des épines pour se protéger.

❀ Les tiges et les feuilles de la grande ortie sont couvertes de poils qui sont en fait des aiguilles miniatures. Sous chaque poil se trouve un minuscule sac de poison. Quand on frôle un plan d'orties, un peu de poison pénètre dans la peau, et ça pique!

❀ Certaines plantes, comme le séneçon et la digitale, sont toxiques pour les animaux qui broutent dans les prés. Si un animal en mange, il risque de tomber malade ou même de mourir.

Houx

Hauteur : Jusqu'à 20 m
Taille des fleurs : Environ 5 mm
Fleurs : En grappes
Habitat : Cours, haies et forêts
Fruits ou graines : Baies rouges
Période de floraison : Au printemps

Est-ce que j'ai des feuilles en forme de cuiller aux bords dentelés? Suis-je couverte de petits poils piquants?

Suis-je haute et droite, sans branches? Est-ce que j'ai des fleurs en forme de cloche?

ATTENTION!

Ne touche pas à ces plantes ni à leurs baies car elles pourraient contenir du poison.

Fleur mâle

Fleur en forme de cloche

Feuille en forme de cuiller

Grande ortie

Hauteur : Entre 30 et 150 cm
Taille des fleurs : Environ 2 mm
Fleurs : Plants mâles et plants femelles
Habitat : Haies, terrains vagues, jardins et forêts
Fruits ou graines : Petites graines sèches
Période de floraison : En été et en automne

Digitale

Hauteur : Entre 60 et 160 cm
Taille des fleurs : 5 cm
Fleurs : Longs épis portant chacun entre 20 et 80 fleurs
Habitat : Cours et parcs, haies et forêts
Fruits ou graines : Les graines se forment dans une gousse
Période de floraison : En été

Les plantes en danger

Même si on a l'impression que les plantes poussent presque partout autour de nous, de nombreuses espèces risquent de disparaître complètement. C'est ce qui s'appelle **l'extinction**. Bien souvent, les plantes sont en voie d'extinction à cause de l'activité humaine.

Perte d'habitat

Chaque type de plante vit dans un environnement particulier; c'est ce qu'on appelle son **habitat**. Partout dans le monde, les habitats naturels sont détruits. Le sol est recouvert de béton, d'asphalte et d'immeubles. Lorsque leur habitat est détruit, les plantes ne peuvent plus y vivre.

↑ On est en train de défricher ce terrain pour y construire une nouvelle usine. Si les graines des plantes qui y vivent n'ont pas pu être dispersées un peu plus loin, ces plantes disparaîtront de cet endroit.

Collections de plantes sauvages

Dans certaines régions du monde, de nombreuses plantes sauvages sont déterrées et vendues aux jardiniers pour leur beauté. Bien souvent, ces plantes ne peuvent pas vivre à l'extérieur de leur habitat naturel.

← Tellement d'orchidées sauvages ont été déterrées pour être transplantées dans des jardins qu'elles sont devenues très rares à l'état sauvage.

La pollution

De nombreuses plantes sont tuées par les produits chimiques utilisés pour éliminer les animaux nuisibles et les mauvaises herbes dans les fermes et les cours. Bien souvent, ces produits polluants tuent non seulement les mauvaises herbes, mais aussi les plantes sauvages qui poussent aux alentours et les abeilles et autres insectes nécessaires à la pollinisation.

↑ Les produits chimiques vaporisés dans ce champ risquent de tuer les arbres, les fleurs et les plantes qui se trouvent aux alentours.

Le savais-tu?

Les capsules, ou gousses, de certaines espèces d'orchidées peuvent contenir 20 000 graines chacune. Ces graines sont si petites qu'on en compte trois millions par gramme.

À toi de jouer!

Tout le monde peut aider les plantes sauvages à survivre. Tu peux créer, près de chez toi et de ton école, un environnement sûr pour les plantes. Même si tu n'as pas de cour, tu peux planter, dans des pots ou des jardinières, des fleurs que les abeilles, les papillons et d'autres insectes aiment butiner. Assure-toi également de ne pas jeter par terre des déchets qui pourraient nuire aux plantes.

Conseils aux parents et aux enseignants

❀ Les enfants devraient être encouragés à traiter les animaux avec respect. Tout animal capturé pour une étude devrait, à la fin du projet, être remis en liberté là où il a été trouvé.

❀ Lorsque vous aidez un enfant à identifier un oiseau, un insecte ou un petit mammifère, n'oubliez pas que seules quelques-unes des innombrables espèces animales sont présentées dans ce livre. Il pourrait être utile de consulter un ouvrage de référence bien illustré portant sur les oiseaux, les insectes et les petits mammifères de votre région.

❀ Lorsque vous aidez un enfant à identifier des plantes à fleurs, rappelez-vous qu'un livre comme celui-ci ne peut décrire que quelques-unes des nombreuses espèces de plantes. On compte dans le monde plus de 350 000 espèces de plantes sauvages, et des milliers de variétés de plantes sont cultivées dans les jardins.

❀ Faites comprendre aux enfants qu'il est interdit par la loi de cueillir des plantes sauvages sur un terrain sans avoir obtenu la permission du propriétaire des lieux. De plus, de nombreuses espèces rares de fleurs sauvages sont protégées par la loi.

❀ Avant de partir à la découverte de la faune et de la flore, assurez-vous que les enfants n'ont pas d'allergies aux plantes ou aux animaux.

❀ Une visite au zoo, dans un parc faunique, à un musée d'histoire naturelle ou dans un élevage de papillons est une bonne façon de présenter aux enfants la diversité de la vie faunique dans le monde d'aujourd'hui.

Les enfants devraient toujours être accompagnés d'un adulte responsable lorsqu'ils partent observer la faune ou la flore.

Les enfants devraient éviter de toucher à des oiseaux sauvages morts ou vivants, car ces derniers sont souvent porteurs de maladies ou de parasites. Les enfants devraient toujours se laver les mains avec soin après avoir manipulé des restes de nourriture, des mangeoires d'oiseaux, des bains d'oiseaux ou tout autre objet ou aliment qui a été en contact avec des oiseaux.

Si les enfants ramassent de la terre pour y planter des graines ou des plantes, assurez-vous qu'elle n'a pas été contaminée par des excréments de chien ou de chat et qu'elle ne contient pas d'éclats de verre, de clous ou d'autres objets coupants.

Rappelez-vous que certains enfants sont allergiques à la sève de certaines plantes ou au pollen des fleurs.

Utilisez toujours des pots et des contenants en plastique plutôt qu'en verre pour recueillir des plantes et des insectes.

Les enfants doivent prendre certaines précautions lorsqu'ils observent les invertébrés. Ils doivent toujours se laver les mains avec soin après avoir manipulé des petits animaux, des plantes et de la terre, surtout avant de toucher à de la nourriture. Il faut également respecter certaines mesures d'hygiène au moment de nettoyer les boîtes qui ont contenu des insectes.

Les enfants ne devraient jamais toucher à des animaux sauvages vivants ou morts, ceux-ci étant souvent porteurs de maladies ou de parasites. Ils devraient toujours se laver les mains avec soin après avoir manipulé des restes de nourriture ou tout autre objet qui a été en contact avec un mammifère sauvage.

Les piqûres d'abeilles, de guêpes et de fourmis peuvent être très douloureuses. Il faut donc éviter de s'approcher de leur nid ou de leur ruche.

Achetez une boîte à insectes et placez-la dans votre cour ou sur le terrain de jeu de l'école. En hiver, elle pourra servir d'abri à des insectes, comme des coccinelles.

✿ Une paire de jumelles fort simples et bon marché permettra aux enfants de voir les oiseaux de plus près. Au début, les enfants auront besoin d'aide pour apprendre à se servir de cet instrument.

✿ Une fois sèches, les empreintes moulées avec du plâtre de Paris (page 73) peuvent être nettoyées à l'aide d'une petite brosse douce, puis peinturées. On peut utiliser une couleur pour peindre l'empreinte et une couleur différente pour le fond.

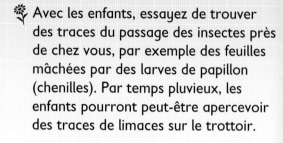

✿ Avec les enfants, essayez de trouver des traces du passage des insectes près de chez vous, par exemple des feuilles mâchées par des larves de papillon (chenilles). Par temps pluvieux, les enfants pourront peut-être apercevoir des traces de limaces sur le trottoir.

✿ Allez vous promener dans une forêt à la fin de l'été ou au début de l'automne. C'est à cette période de l'année que les insectes sont le plus actifs.

✿ Les mangeoires d'oiseaux ne coûtent pas très cher et, avec l'aide d'un adulte, un enfant peut même en fabriquer une assez facilement. L'installation de mangeoires est une excellente façon d'attirer des oiseaux, que les enfants pourront observer de plus près.

✿ De nombreux mammifères ne sont actifs que la nuit. Il est possible de les observer avec une lampe de poche recouverte de cellophane ou de plastique transparent rouge (on peut aussi recouvrir l'ampoule de la lampe de poche avec de l'encre rouge ou la colorier en rouge avec un marqueur). Contrairement aux humains, qui parviennent à voir assez bien même si la lumière est rouge, les animaux nocturnes ne voient rien sous un éclairage rouge et ne se rendent pas compte qu'ils sont éclairés.

Les enfants trouveront d'autres renseignements sur la faune et la flore à la bibliothèque de leur quartier ou de leur école.

Les enfants peuvent aussi consulter les divers ouvrages des collections suivantes publiées aux Éditions Scholastic :

Bêtes pas bêtes, Le Canada vu de près, J'explore la faune, Info-animaux, Réponse à tout, J'observe les animaux, et bien d'autres qu'ils découvriront sur notre site Web.

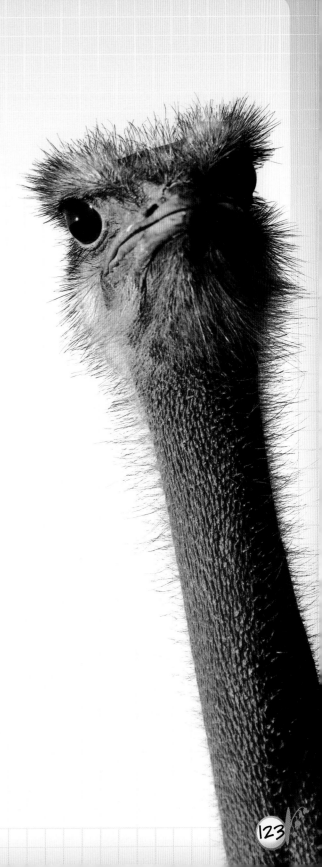

Glossaire

À feuilles caduques Arbres et buissons qui perdent leurs feuilles à l'automne.

À feuilles persistantes Arbres qui ne perdent jamais leurs feuilles.

Ailes antérieures Les deux ailes avant d'un insecte qui possède plusieurs paires d'ailes.

Antennes Petites tiges sur la tête d'un insecte servant à toucher et à sentir.

Bulbe Partie souterraine d'une tige contenant des nutriments.

Camouflage Technique utilisée par un animal pour se cacher en prenant l'apparence de son environnement.

Charogne Corps d'un animal mort.

Colonie Groupe d'animaux d'une même espèce vivant ensemble.

Conifères Arbres dont les feuilles ressemblent à des aiguilles.

Corme Partie renflée d'une tige qui est sous la terre.

Corniche Espace entre les murs et le toit d'un bâtiment.

Écailles Petites plaques de peau qui se chevauchent.

Élytres Ailes antérieures rigides des coléoptères.

Errant Se dit d'un animal de compagnie ou de ferme qui vit à l'état sauvage.

Espèce Sorte d'animaux ou de plantes.

Étamine Une des parties mâles de la fleur; l'étamine produit du pollen.

Extinction Disparition complète d'une espèce d'animaux; quand il ne reste plus un seul animal d'une espèce, on dit que cette espèce a disparu.

Fécondation Processus par lequel un grain de pollen atteint l'ovule d'une plante et fusionne avec lui. Seul un ovule fécondé peut donner une graine.

Fertile Se dit d'une terre en bonne condition et pleine de nutriments, dans laquelle les plantes peuvent pousser.

Fuselé Dont la forme permet de fendre l'air ou l'eau facilement.

Habitat Lieu où vit une plante ou un animal.

Hiberner Dormir pendant tout l'hiver.

Invertébré Animal qui ne possède pas de colonne vertébrale.

Miellat Liquide sucré produit par

certains insectes.

Migration Long voyage que font certains animaux à un moment précis de l'année afin de trouver de la nourriture, un climat plus chaud ou un endroit pour se reproduire.

Nectar Liquide sucré produit par les fleurs.

Nid Lieu où un oiseau pond ses œufs.

Nocturne Se dit d'un animal qui est surtout actif pendant la nuit

Ouvrières Fourmis, abeilles, guêpes ou termites femelles qui travaillent pour la colonie.

Ovaire Partie femelle d'une fleur, qui produit les ovules et les graines.

Pétales Parties externes d'une fleur, de couleur vive.

Pistil Partie femelle d'une fleur.

Pollen Poussière jaune produite par les fleurs.

Pollinisation Processus par lequel le pollen est transporté d'une fleur à une autre, habituellement par les insectes ou par le vent.

Pollution Substances nocives qui nuisent à l'environnement.

Portée Groupe de bébés mammifères nés en même temps.

Prédateur Animal qui se nourrit d'autres animaux.

Proie Animal chassé et dévoré par un autre animal.

Pupe Enveloppe dans laquelle la larve se développe pour devenir un insecte adulte.

Reine Fourmi, abeille ou guêpe femelle qui pond des œufs.

Rongeur Petit animal possédant une paire d'incisives qui poussent sans arrêt sur la mâchoire du haut et celle du bas.

Sépales Parties d'une fleur semblables à des feuilles qui recouvrent et protègent le bouton.

Serres Griffes d'un oiseau de proie.

Squelette Os qui sont à l'intérieur du corps d'un animal.

Stigmate Partie supérieure de l'organe femelle d'une fleur, où se collent les grains de pollen.

Style Partie étroite du pistil d'une fleur, sous le stigmate.

Tanière Abri d'un animal sauvage.

Taupinière Butte formée par la terre que rejette la taupe en creusant des tunnels dans le sol.

Terrier Abri souterrain creusé par un animal.

Index